EN 2H JE CUISINE POUR TOUTE LA SEMAINE

CAROLINE PESSIN

EN 2H JE CUISINE POUR TOUTE LA SEMAINE

80 REPAS

FAITS MAISON, SANS GÂCHIS
ET AVEC DES PRODUITS DE SAISON

PHOTOGRAPHIES : CHARLY DESLANDES

hachette
CUISINE

Préface

Si, comme moi, vous êtes adepte du « fait maison », que vous fuyez l'industriel, mais que vos journées de travail sont tellement remplies que vous n'avez plus ni l'énergie ni le temps le soir pour cuisiner…

Si, comme moi, vous essayez de proposer à votre famille des repas sains et équilibrés mais qui plaisent toujours aux adultes comme aux enfants…

Si, comme moi, vous trouvez que se faire livrer un plat tout prêt est un gouffre dans le budget alimentaire…

Si la question « qu'est-ce qu'on mange ce soir ? » répétée chaque jour par votre famille devient votre hantise…

Alors vous allez aimer découvrir cette méthode, parfois appelée « batch cooking » ou « méthode meal prep » qui consiste à préparer à l'avance les plats pour les soirs de la semaine !

Depuis que j'ai découvert cette méthode, je fais des économies, je mange équilibré, je me régale et je m'enlève le stress des repas du soir.

Le week-end, je prends environ 2 h de mon temps pour éplucher, découper, faire mariner et cuisiner plusieurs plats… et les soirs de la semaine il n'y a plus qu'à réchauffer, assembler ou cuire rapidement. En 15 min maximum, le repas est prêt.

Et c'est validé par les amis ! Essayer cette méthode, c'est l'adopter !

Introduction

Quel bonheur de rentrer du travail sans se soucier du repas du soir ! De passer très peu de temps en cuisine, d'avoir un minimum de vaisselle à faire, tout en se régalant et en mangeant équilibré.

Car ce stress des repas du soir, tout le monde le connaît. « Que vais-je pouvoir préparer à manger ? », « Est-ce que j'ai ce qu'il faut dans le frigo ? », « Comment vais-je réussir à cuisiner et m'occuper des enfants, des devoirs, du bain… ? »

Alors, on finit bien souvent par céder à la facilité : préparer des pâtes au beurre, réchauffer un plat tout prêt industriel, opter pour une livraison de pizza ou de sushis… Pas forcément sain ou alors pas très économique !

Pourtant, il est possible d'alléger cette charge mentale des repas du soir en adoptant une organisation différente.

Le principe est simple : le week-end, on prend 2 h environ de son temps pour cuisiner un repas pour chaque soir de la semaine.

Nous avons élaboré pour vous 16 menus variés et équilibrés, classés par saison. Les menus sont faits pour une famille de 4 personnes, en quantité assez généreuse pour nourrir 2 adultes et 2 adolescents. Si vous avez des enfants en bas âge, ou que vous êtes seulement 3 personnes, vous pourrez emporter les restes pour le repas du lendemain midi au bureau.

Chaque menu comporte 7 recettes : 5 plats et 2 entrées pour les soirs ou le plat est plus léger. Nous avons choisi de ne pas proposer de recettes de dessert car la plupart d'entre nous prenons simplement un fuit, une compote ou un dessert lacté pour terminer le repas, et réservons plus souvent les plaisirs sucrés pour le week-end.

Avec cette méthode, du lundi au vendredi soir, vous n'avez plus à vous soucier du menu ni à faire des courses de dernière minute et vous passerez moins de 15 min en cuisine, c'est promis !

Pour cela, il vous suffit de suivre ces étapes :

1 Choisissez un menu de saison qui vous tente.

2 Faites vos courses le week-end, comme à votre habitude (le vendredi soir, le samedi ou le dimanche). Les ingrédients des menus sont très communs et se trouvent assez facilement en grandes surfaces. Pour certains menus, il peut être nécessaire de faire un petit complément au marché ou dans un magasin de produits surgelés.

3 Choisissez un jour, samedi ou dimanche, où vous avez 2 h devant vous. Il est préférable de réaliser la session cuisine le dimanche, afin de gagner un jour de fraîcheur et d'éviter de congeler certains plats.

4 Sortez les ingrédients indiqués sur votre plan de travail ou sur la table de votre cuisine. C'est une astuce pour gagner du temps car on évite ainsi d'interrompre sa session cuisine en cherchant des ingrédients dans son réfrigérateur ou son placard.

5 Sortez les ustensiles nécessaires listés. Vous aurez ainsi tout à portée de main.

6 Laissez-vous guider par les étapes de la session cuisine, elles sont élaborées selon le temps réel de préparation.

7 Conservez les plats et les ingrédients préparés selon les indications en fin de session. En général, les plats du lundi au mercredi sont à conserver au réfrigérateur, et ceux du jeudi et vendredi sont à congeler (sauf pour certains menus où rien n'est à congeler).

Résultat : Les soirs de la semaine, vous n'avez plus qu'à suivre les indications d'assemblage, de réchauffage ou de cuisson de dernière minute. En tout, vous passerez moins de 15 min dans votre cuisine. Certains soirs, il y a simplement un plat à faire réchauffer. D'autres soirs, il vous faudra faire une cuisson de dernière minute, une préparation express ou un assemblage d'ingrédients.

Quels sont les avantages de cette méthode ?

Tout d'abord, une sérénité indéniable pour les soirs de la semaine. Fini le casse-tête pour savoir quoi préparer et plus besoin de faire des courses d'appoint en fin de journée.

Ensuite, un gain de temps réel car non seulement vous passerez beaucoup moins de temps à cuisiner, mais aussi à faire la vaisselle ou à ranger la cuisine. Ce temps supplémentaire, vous pourrez le savourer en vous occupant davantage de vos enfants et en vous reposant.

Des repas variés et équilibrés, au bon goût du « fait maison », sans additifs industriels.

Et enfin, une économie considérable sur le budget alimentation. Moins de plats livrés, et moins de gaspillage, car nous avons élaboré les menus de façon à ce que chaque ingrédient acheté soit entièrement utilisé à la fin de la semaine. C'est une cuisine « zéro déchet » !

Quels sont les inconvénients de cette méthode ?

Passer 2 h à cuisiner, c'est un peu fatiguant. Vous pourrez avoir l'impression de gâcher une partie de votre week-end qui vous paraît souvent déjà bien court. Mais vous verrez que le confort apporté pour la semaine en vaut vraiment la peine. De plus, nous avons tout fait pour vous faciliter les sessions cuisine : les étapes de préparation sont complètement guidées et les photos vous permettent de visualiser le résultat à obtenir.

Quel matériel dois-je avoir pour pouvoir suivre la méthode ?

Les menus sont faits pour être réalisables par un foyer moyen, généralement équipé d'un four avec 2 étages de cuisson et d'une table de cuisson avec au moins 3 foyers. En effet, lors de la session cuisine, toutes les cuissons se font en simultané, ce qui représente là encore un gain de temps et une économie d'électricité.

Pour les ustensiles et les boîtes de conservation nécessaires à l'élaboration des menus, reportez-vous à la page 12.

Avant de vous lancer :

* Faites de la place dans votre congélateur, prévoyez peut-être quelques repas « vide-congélo ».
* Avant de partir faire vos courses, faites le tri dans votre réfrigérateur, jetez les aliments périmés ou douteux, nettoyez les étagères avec du vinaigre blanc pour éliminer odeurs et bactéries, et consommez les éventuels restes.

Nous vous lançons le défi : testez la méthode avec un menu et constatez les bénéfices sur la semaine ! Vous risquez de ne pas vous arrêter à un seul menu et de vite devenir adepte !

Gaspacho

Frigo

Indications sur les temps de conservation :

1 semaine :
* Salade lavée
* Herbes aromatiques lavées
* Légumes et crudités découpées
* Oignon, ail émincés
* Vinaigrette

5 jours :
* Œufs durs
* Houmous
* Légumineuses cuites maison (lentilles, pois chiches, haricots secs, etc.)

3 à **4** jours :
* Céréales cuites (riz, quinoa)
* Légumes cuits
* Soupes, veloutés, gaspachos
* Gratins sans viande

2 jours :
* Viandes marinées
* Viandes et poissons cuits
* Quiches, feuilletés

Conseils :
* Ne préparez pas les pommes de terre à l'avance : crues, elles s'oxydent et cuites, elles prennent un mauvais goût.
* Pour les céréales, si elles sont rapides à cuire (riz, pâtes, semoule), privilégiez une cuisson de dernière minute pour un meilleur goût et une texture optimale.
* Conservez les plats mijotés et les soupes dans leur casserole ou cocotte, pour les faire directement réchauffer dedans.
* Congélation : les plats maison congelés se consomment dans les 2 mois pour une texture la moins altérée possible.

Matériel de base

Pour cuisiner :

Pour réaliser les menus de ce livre, vérifiez que vous avez le matériel suivant :

- 1 cocotte ou 1 faitout (encore mieux si vous avez les 2)
- 1 sauteuse
- 1 poêle
- 3 casseroles de taille différente
- Facultatif : 1 wok, 1 cuit-vapeur

Les ustensiles de cuisine utilisés pour les recettes sont très basiques, aucun matériel professionnel n'est nécessaire : saladier, ramequins, passoire, chinois, plaque de four, plats à gratin, plat à tarte, moule à gâteau rond, moule à cake, essoreuse à salade, pied mixeur plongeant, presse-purée, petit robot mixeur, zesteur ou râpe, écumoire.

Pour conserver :

La particularité de ce livre est que l'on conserve beaucoup d'aliments ou de plats. Il faudra donc vous équiper de boîtes hermétiques de conservation. Préférez les boîtes en verre, plus saines que le plastique et qui peuvent, sans danger, passer au four ou au micro-ondes. Vous en trouverez par exemple chez Ikea, à un prix très abordable.

Pour les menus vous aurez besoin au maximum de :

- 1 très grande boîte pour conserver la salade
- 3 grandes boîtes
- 5 boîtes moyennes
- 3 petites boîtes
- 2 tout petits bocaux bien hermétiques pour conserver les oignons et l'ail émincés en évitant les odeurs
- 1 bouteille en verre de 1,5 l pour conserver les veloutés, soupes ou gaspachos

Ayez aussi dans vos placards : du film alimentaire, des sacs congélation et du papier essuie-tout.

alsa
"ALSACIENNE"

Placard de base

Les ingrédients suivants reviennent très souvent dans les menus, alors vérifiez que vous les avez dans votre placard :

* Blé
* Chapelure
* Coulis de tomates
* Épices basiques : clous de girofle, herbes de Provence, cannelle, curry, cumin, thym, *ras-el-hanout*, noix de muscade, laurier
* Farine
* Huile de tournesol
* Huile d'olive
* Ketchup
* Lentilles
* Levure chimique
* Maïzena (fécule)
* Miel
* Moutarde
* Pâtes
* Poivre
* Quinoa
* Riz blanc
* Riz complet
* Semoule
* Sauce soja
* Sel, fleur de sel
* Vinaigre balsamique
* Vinaigre de vin

Printemps

Menu #1

Panier

Menu #1

Menu #1

Légumes / Fruits

- 1 botte de carottes
- 12 asperges vertes
- 8 petits navets
- 4 grappes de tomates cerise
- 1,5 kg de pommes de terre charlotte
- 1 petit citron
- 1 botte d'oignons frais
- 1 botte de persil
- 1 botte de basilic
- 6 gousses d'ail

Placard de base

- Farine
- Huile d'olive
- Sel, poivre

Viande / Poisson

- 1 kg de gigot d'agneau
- 800 g de dos de cabillaud frais

Crèmerie

- 1 sachet de parmesan
- 33 cl de crème liquide
- 50 g de beurre

Épicerie

- 2 boîtes de haricots blancs (au total : 500 g poids net égoutté)
- 400 g de pâtes courtes
- 50 g de pignons
- Tahin (facultatif)
- Cumin
- Chapelure

Lundi

Gigot d'agneau à l'ail, légumes printaniers rôtis et haricots blancs

Mardi

Entrée
Velouté aux asperges

Plat
Cabillaud en croûte d'herbes

Mercredi

Hachis Parmentier d'agneau

Jeudi

Entrée
Houmous de haricots blancs, bâtonnets de crudités

Plat
Pâtes aux asperges et cabillaud

Vendredi

Minestrone

Préparation

Au préalable

1) Si vous avez suffisamment de place, sortez les ingrédients dont vous allez avoir besoin pendant cette session de cuisine : tous sauf 3 grappes de tomates cerise, les pâtes et la chapelure. Cela permet d'avoir tout sous la main et de ne pas perdre de temps à chercher les ingrédients dans les placards et le réfrigérateur.
2) Sortez les ustensiles nécessaires :
   * 2 plats à four
   * 1 plat à gratin
   * 1 presse-purée
   * 1 sauteuse
   * 1 grande casserole
   * 1 casserole moyenne
   * 1 mixeur plongeant
   * 1 robot mixeur
   * 3 récipients : 2 moyens + 1 grand
   * Film alimentaire

C'est parti pour 1 h 45 de cuisine !

1 Préchauffez le four à 180 °C (th. 6). Pelez toutes les gousses d'ail, coupez-les en deux et enlevez le germe. Placez le gigot d'agneau dans un grand plat à four. Piquez-le de 6 larges trous avec un couteau. Insérez ½ gousse d'ail dans chaque incision. Salez, poivrez, recouvrez de 20 g de beurre en petits morceaux et enfournez pour 40 min.

2 Portez à ébullition 2 casseroles d'eau salée : une grande et une moyenne. Pelez les pommes de terre, les navets et les asperges. Coupez les pommes de terre en deux et mettez-les à cuire 20 min dans la grande casserole. Coupez 2 navets en quartiers, 2 autres en bâtonnets et gardez les 4 derniers entiers. Mettez les quartiers de navets

à cuire avec les asperges dans la casserole moyenne. Laissez cuire 10 min.

3 Émincez les oignons après avoir éliminé les extrémités. Ajoutez-en la moitié dans la casserole de navets et d'asperges. Ajoutez également 1 morceau d'ail.

4 Pelez les carottes. Laissez-en 6 entières. Coupez la moitié des carottes restantes en rondelles et l'autre moitié en bâtonnets. Placez les bâtonnets de carottes dans un récipient de taille moyenne. Ajoutez les bâtonnets de navets. Ces crudités serviront pour la dégustation du houmous de haricots blancs.

5 Retirez 6 asperges de la casserole. Passez-les sous l'eau froide pour fixer la couleur. Coupez-les en tronçons. Réservez dans un récipient de taille moyenne.

6 Videz presque toute l'eau de la casserole d'asperges. Ajoutez la moitié de la crème liquide, ½ cuil. à café de sel, un peu de poivre et 2 pommes de terre cuites. Mixez finement. Transvasez ce velouté dans un bocal.

7 Lorsque le gigot d'agneau a cuit 40 min, ajoutez dans le plat les 4 navets restants, les 6 carottes entières, 1 grappe de tomates cerise et 200 g de haricots blancs avec leur jus. Salez, poivrez et poursuivez la cuisson 20 min.

8 Lavez et séchez soigneusement le persil et le basilic.

Préparation

Menu #1

9 Préparez la croûte d'herbes du cabillaud : dans un robot mixeur, versez 30 g de pignons, 30 g de farine, 30 g de beurre, la moitié du persil, la moitié du basilic, ½ gousse d'ail, un peu de sel et de poivre. Mixez pour obtenir une pâte. Recouvrez-en les dos de cabillaud. Disposez-les sur un plat à four. Enfournez pour 15 min.

10 Dans une sauteuse, faites chauffer 1 cuil. à soupe d'huile d'olive. Versez le restant d'oignons émincés, les rondelles de carottes et ½ cuil. à café de sel. Laissez fondre 5 min. Versez 50 cl d'eau et poursuivez la cuisson 10 min.

11 Pendant ce temps, préparez un pesto : dans le robot mixeur ayant servi à la préparation de la croûte d'herbes, sans besoin de le laver, versez 20 g de pignons, 2 demi-gousses d'ail, le restant de basilic, la moitié du paquet de parmesan, ½ cuil. à café de sel et 1 pincée de poivre. Mixez en ajoutant au fur et à mesure 1 cuil. à soupe d'huile d'olive.

12 Coupez 2 pommes de terre en dés. Ajoutez-les dans la sauteuse de minestrone avec 150 g de haricots blancs. Hors du feu, ajoutez le pesto. Mélangez et réservez dans un grand récipient.

13 Écrasez le reste de pommes de terre au presse-purée avec le restant de crème liquide, ½ cuil. à café de sel et 1 pincée de poivre.

14 Désossez le gigot d'agneau et coupez-le en 6 tranches. Hachez les 2 tranches les moins nobles

avec 2 cuil. à soupe de persil, 2 carottes cuites et un peu de jus de cuisson, à l'aide du mixeur plongeant ou du robot mixeur. Placez dans un plat à gratin et recouvrez de la purée de pommes de terre.

15 Réalisez le houmous de haricots blancs : dans le robot mixeur propre, versez le restant de haricots blancs égouttés, le restant d'ail, 1 cuil. à café de tahin (facultatif), le jus du citron et 1 pincée de cumin. Mixez finement. Transvasez dans un joli bol de service. Parsemez de la moitié du persil ciselé restant. Versez le reste de persil ciselé sur le plat de gigot d'agneau.

16 Émiettez ¼ du cabillaud en croûte cuit. Ajoutez dans le récipient avec les asperges coupées.

Tout est prêt ! Laissez refroidir.

Placez au réfrigérateur :

* Le gigot d'agneau et ses légumes, directement dans le plat, recouvert de film alimentaire (se conservent 2 jours)
* Le velouté aux asperges, dans sa casserole (se conserve 3 jours)
* Le cabillaud en croûte d'herbes, si vous le consommez dans les 2 jours après confection
* Le houmous de haricots blancs, recouvert de film alimentaire (se conserve 5 jours)
* Les bâtonnets de crudités (se conservent 1 semaine)

Placez au congélateur :

* Le cabillaud en croûte d'herbes, si vous le consommez plus de 2 jours après confection
* Le hachis Parmentier d'agneau, dans le plat à gratin, recouvert de film alimentaire
* Le récipient avec les morceaux d'asperges et de cabillaud
* Le minestrone

Résultat

Menu #1

Menu #1

Lundi

Gigot d'agneau à l'ail, légumes printaniers rôtis et haricots blancs

Temps de réchauffage :
10 min

Ingrédients : le plat déjà préparé
Préchauffez le four à 180 °C (th. 6) et réchauffez le gigot et son accompagnement pendant 10 min. Servez !
Pour le mardi, si vous avez congelé le cabillaud en croûte d'herbes, sortez-le du congélateur et mettez-le au réfrigérateur afin qu'il décongèle.

Mardi

Entrée
Velouté aux asperges

Plat
Cabillaud en croûte d'herbes

Temps de cuisson et réchauffage :
10 min

Ingrédients : le velouté aux asperges ; le cabillaud en croûte d'herbes, 2 grappes de tomates cerise, huile d'olive
Réchauffez le velouté pendant 10 min à la casserole.
Préchauffez le four à 210 °C (th. 7). Faites cuire les grappes de tomates cerise pendant 7 min avec un filet d'huile d'olive. Baissez la température du four à 150 °C (th. 5) et ajoutez les dos de cabillaud pour les faire réchauffer pendant 3 min.
Pour le mercredi, sortez le hachis Parmentier d'agneau du congélateur et mettez-le au réfrigérateur afin qu'il décongèle.

Mercredi

Hachis Parmentier d'agneau

Temps de réchauffage :
10 min

Ingrédients : le hachis Parmentier d'agneau, un peu de chapelure
Préchauffez le four à 220 °C (th. 7-8). Saupoudrez le hachis de chapelure et enfournez pour 10 min. Servez !
Pour le jeudi, sortez le récipient avec les morceaux d'asperges et de cabillaud du congélateur et mettez-le au réfrigérateur afin que son contenu décongèle.

Jeudi

Temps de cuisson et réchauffage :
15 min
Temps de préparation :
1 min

Entrée
Houmous de haricots blancs, bâtonnets de crudités

Plat
Pâtes aux asperges et cabillaud

Ingrédients : les bâtonnets de crudités, le houmous, 400 g de pâtes courtes, le récipient avec les morceaux d'asperges et de cabillaud, le restant de parmesan

Faites cuire les pâtes selon les indications du paquet. Réservez-en ⅓ pour le minestrone de demain dans un récipient au réfrigérateur. Réchauffez les asperges et le cabillaud au micro-ondes. Mélangez aux pâtes et parsemez de parmesan.

Pour le vendredi, sortez le minestrone du congélateur et mettez-le au réfrigérateur afin qu'il décongèle.

Vendredi

Temps de réchauffage :
10 min

Minestrone

Ingrédients : le reste de pâtes cuites, le minestrone, 1 grappe de tomates cerise

Faites réchauffer dans une grande casserole le minestrone avec les tomates cerise pendant 10 min. Ajoutez les pâtes cuites et servez !

Menu #2

Panier Menu #2

Menu #2

Légumes / Fruits

- 2 bottes de cresson
- 1 gros sachet de pousses d'épinards (DLC > 4 jours)
- 1 botte de radis
- 1 botte de cébettes (oignons verts)
- 3 sucrines
- 1 grosse pomme de terre
- 1 citron vert bio
- 1 citron jaune
- 1 botte de coriandre
- 1 botte d'estragon
- 3 échalotes
- 8 gousses d'ail
- 5 cm de gingembre frais

Placard de base

- 20 cl de coulis de tomates nature
- Moutarde
- Huile de tournesol
- Huile d'olive
- Sel, poivre

Viande / Poisson

- 200 g de filet de saumon
- 1 queue de lotte (demandez à votre poissonnier d'enlever la peau et de couper la queue en cubes)
- 8 petits filets de poulet

Crèmerie

- 4 œufs
- 1 pointe de parmesan
- 1 pot de mascarpone (250 g)
- 1 pot de ricotta (250 g)
- 1 gros pot de crème fraîche
- 33 cl de crème liquide
- 2 pâtes brisées

Épicerie

- 200 g de lentilles corail
- 500 g de riz
- 1 gros pain complet
- 40 cl de lait de coco
- 10 g de pâte de curry vert
- 8 anchois
- Sauce Worcestershire
- Tabasco®
- 2 gousses de cardamome
- 1 cuil. à soupe d'épices tandoori

Menus

Lundi

Tourte au saumon et cresson

Mardi

Entrée
Tartines aux radis

Plat
Poulet à l'estragon

Mercredi

Dhal de lentilles

Jeudi

Entrée
Crème de fanes de radis

Plat
Salade César

Vendredi

Curry vert de lotte

Préparation

Au préalable

1) Si vous avez suffisamment de place, sortez les ingrédients dont vous allez avoir besoin pendant cette session de cuisine : tous sauf les pousses d'épinards, les sucrines, le citron jaune, 1 gousse d'ail, la crème liquide, le parmesan, le riz, la sauce Worcestershire, le Tabasco® et les anchois. Cela permet d'avoir tout sous la main et de ne pas perdre de temps à chercher les ingrédients dans les placards et le réfrigérateur.
2) Sortez les ustensiles nécessaires :
   - 1 robot mixeur
   - 1 essoreuse à salade
   - 1 poêle
   - 1 moule à gâteau rond
   - 1 sauteuse
   - 1 mixeur plongeant
   - 1 petite casserole
   - 1 grande casserole
   - 1 râpe (pour le zeste de citron et le gingembre)
   - 1 petit saladier
   - 1 bocal en verre de 1,5 l de contenance (pour conserver la crème de fane de radis)
   - 7 récipients : 2 grands + 1 moyen + 4 petits

C'est parti pour 2 h de cuisine !

1 Éliminez les tiges des 2 bottes de cresson. Lavez les feuilles dans l'essoreuse à salade. Essorez et émincez grossièrement. Mettez de côté 1 poignée de feuilles de cresson dans un bol.

2 Pelez et émincez les échalotes ainsi que 7 gousses d'ail.

3 Dans une poêle, faites chauffer 1 cuil. à soupe d'huile d'olive. Ajoutez ⅓ des échalotes, ½ cuil. à café d'ail et ½ cuil. à café de sel. Laissez fondre 2 min puis ajoutez le cresson. Laissez cuire pendant 5 min à feu vif jusqu'à ce que l'eau se soit évaporée.

4 Pendant ce temps, faites cuire 1 œuf pendant 10 min dans une petite casserole d'eau bouillante.

5 Dans un bol, cassez les 3 œufs restants. Réservez la moitié d'un jaune d'œuf (il servira à faire dorer la tourte). Dans la cuve de votre robot, placez les œufs, le pot de mascarpone, ½ cuil. à café de sel, un peu de poivre et mixez. Ajoutez le cresson cuit et mixez à nouveau.

6 Préchauffez le four à 180 °C (th. 6). Coupez le saumon en cubes et ajoutez-le à la préparation au cresson. Graissez le moule à gâteau. Foncez-le avec une pâte brisée. Éliminez les bords qui dépassent du moule. Dans la seconde pâte brisée, découpez un cercle du même diamètre que le moule. Versez la préparation au cresson et saumon dans le moule. Disposez le cercle de pâte par-dessus. Repliez les bords de la pâte vers l'intérieur et appuyez bien pour souder. Badigeonnez avec le jaune d'œuf réservé. Faites un petit trou au centre de la pâte avec un couteau et glissez-y un petit morceau de papier sulfurisé enroulé, pour créer une cheminée. Enfournez pour 50 min.

7 Coupez les fanes de radis à ras des radis. Plongez-les dans l'essoreuse à salade et lavez soigneusement plusieurs fois. Lavez les radis et coupez-les en rondelles. Réservez dans un petit récipient.

8 Dans une casserole, faites chauffer 1 cuil. à soupe d'huile d'olive. Ajoutez la moitié des échalotes, ½ cuil. à café d'ail et ½ cuil. à café de sel. Laissez fondre 5 min à feu très doux. Pendant ce temps, pelez la pomme de terre et coupez-la en petits dés. Ajoutez-les dans la casserole puis couvrez avec 40 cl d'eau. Laissez cuire pendant 10 min.

__9__ Lavez les oignons verts et émincez-les finement. Lavez et séchez soigneusement la coriandre et l'estragon.

__10__ Dans la casserole, ajoutez les fanes de radis, la poignée de cresson mise de côté, 1 branche d'estragon et 1 cuil. à soupe de tiges d'oignons verts. Laissez cuire 3 min. Ajoutez 50 g de ricotta et mixez à l'aide du mixeur plongeant. Réservez dans un bocal en verre en laissant un peu de vide.

__11__ Dans le robot mixeur, versez 2 cuil. à soupe d'oignons verts, 1 cuil. à café d'ail, un tiers de la botte de coriandre avec ses tiges, la moitié du gingembre pelé et 10 g de pâte de curry vert. Mixez.

__12__ Préparez le curry vert de lotte : dans une sauteuse, versez la moitié du lait de coco, portez à ébullition et laissez réduire de moitié. Versez la préparation de curry vert et laissez bouillir 1 min. Ajoutez les cubes de lotte et laissez cuire 5 min à feu vif sans couvrir. À la fin de la cuisson, râpez le zeste de citron vert et versez la moitié du jus du citron. Réservez dans un récipient de taille moyenne. Lavez la sauteuse.

__13__ Préparez le dhal de lentilles : dans la sauteuse, faites chauffer 1 cuil. à soupe d'huile d'olive. Ajoutez la moitié du restant d'ail et d'échalotes, 1 cuil. à café de sel, les épices tandoori, les graines des gousses de cardamome et le restant de gingembre râpé. Laissez cuire pendant 1 min puis ajoutez les lentilles corail, le coulis de tomates et 30 cl d'eau. Laissez mijoter pendant 15 min à feu doux. Si nécessaire ajoutez un peu d'eau en cours de cuisson.

__14__ Coupez 8 jolies tranches de pain. Avec les parties du pain proches des entames, découpez

des cubes. Placez-les dans un petit saladier avec 2 cuil. à soupe d'huile d'olive, ½ cuil. à café de sel et le restant d'ail. Mélangez puis enfournez pendant 10 min à 180 °C (th. 6) pour faire griller les croûtons. Réservez dans un bocal.

15 Une fois les lentilles corail cuites, ajoutez l'autre moitié du lait de coco ainsi que le restant de jus de citron vert et mélangez sur le feu pendant 1 min.

16 Réalisez la sauce à l'estragon : dans une petite casserole, faites chauffer 1 cuil. à café d'huile d'olive. Ajoutez le restant d'ail et d'échalotes avec ½ cuil. à café de sel et laissez fondre pendant 3 min. Ajoutez 2 cuil. à soupe de moutarde, le pot entier de crème fraîche et les ¾ de la botte d'estragon. Portez à ébullition pendant 2 min puis stoppez la cuisson et mixez finement à l'aide du mixeur plongeant.

Tout est prêt ! Laissez refroidir.

Placez au réfrigérateur :

* L'œuf dur (se conserve 5 jours)
* La tourte au saumon, dans son moule (se conserve 2 jours)
* Le dhal de lentilles (se conserve 4 jours)
* Le restant d'oignons verts émincés (se conservent 1 semaine)
* Les rondelles de radis (se conservent 1 semaine)
* La sauce à l'estragon (se conserve 3 jours)
* Le reste de coriandre et d'estragon, dans une boîte hermétique entre 2 feuilles de papier essuie-tout (se conserve 1 semaine)
* Les 8 tranches de pain, dans un sachet hermétique (se conservent 4 jours)

Placez au congélateur :

* Le curry vert de lotte
* La crème de fane de radis

Résultat

GREENPAN

Menu #2

Lundi

Tourte au saumon et cresson

Temps de réchauffage : 10 min

Ingrédients : la tourte

Préchauffez le four à 180 °C (th. 6) et réchauffez la tourte pendant 10 min.

Mardi

Entrée

Tartines aux radis

Plat

Poulet à l'estragon

Temps de cuisson : 15 min

Temps de préparation : 10 min

Ingrédients : les 8 tranches de pain complet, le reste de ricotta, les rondelles de radis, les oignons verts émincés, sel et poivre ; les 8 blancs de poulet, la sauce à l'estragon, le restant d'estragon, huile d'olive

Faites griller les tranches de pain. Étalez sur chacune de la ricotta, parsemez de rondelles de radis, d'oignons émincés, salez et poivrez. Conservez quelques rondelles de radis pour le jeudi.

Dans une grande poêle, faites chauffer 2 cuil. à soupe d'huile d'olive et faites cuire les 8 filets de poulet pendant 15 min. Enlevez 4 filets de poulet et réservez-les dans un récipient hermétique pour la salade César du jeudi. Dans la poêle, versez la sauce à l'estragon et portez à ébullition. Parsemez de feuilles d'estragon pour décorer et servez !

Mercredi

Dhal de lentilles

Temps de cuisson et réchauffage : 10 min

Ingrédients : le dhal, le sachet de pousses d'épinards, coriandre, 500 g de riz, sel et poivre

Rincez le riz et faites-le cuire selon les indications du paquet. Faites réchauffer le dhal de lentilles dans une sauteuse pendant 5 min à feu doux. Versez ensuite le sachet de pousses d'épinards et laissez cuire 5 min sur feu vif. Servez avec la moitié du riz et la moitié de la coriandre. Réservez le restant de riz et de coriandre au réfrigérateur pour le curry de lotte du vendredi.

Pour le jeudi, sortez la crème de fanes de radis du congélateur et mettez-la au réfrigérateur afin qu'elle décongèle

Jeudi

Entrée
Crème de fane de radis

Plat
Salade César

Temps de réchauffage :
10 min
Temps de préparation :
15 min

Ingrédients : la crème de fane de radis, le reste de rondelles de radis ; les sucrines, les 4 filets de poulet cuits, les croûtons, l'œuf dur, 1 gousse d'ail, les 8 anchois, la pointe de parmesan, le citron jaune, huile de tournesol, la crème liquide, Tabasco®, sauce Worcestershire

Faites réchauffer la crème de fanes de radis dans une casserole à feu doux pendant 10 min. Parsemez des rondelles de radis restantes.

Préparez la sauce César : dans la cuve d'un robot mixeur, placez l'œuf dur écalé, la moitié du parmesan, la gousse d'ail et les anchois. Mixez. Ajoutez le jus du citron et mixez pendant 2 min. Ajoutez ensuite 7 cl d'huile, la crème liquide et quelques gouttes de Tabasco® et de sauce Worcestershire. Mixez brièvement.

Badigeonnez les feuilles de sucrine de sauce César.

Coupez le poulet en lamelles, salez et poivrez.

Dans un saladier, disposez les feuilles de sucrine, le poulet et les croûtons. Réalisez des lamelles de parmesan à l'aide d'un économe. Servez le restant de sauce à part.

Pour le vendredi, sortez le curry vert de lotte du congélateur et mettez-le au réfrigérateur afin qu'il décongèle.

Vendredi

Curry vert de lotte

Temps de réchauffage :
10 min

Ingrédients : le curry vert de lotte, le reste de coriandre, le reste de riz, sel et poivre

Faites réchauffer le curry vert de lotte à la casserole et le riz comme vous préférez. Salez, poivrez et parsemez de coriandre.

Menu #3

Menu #3

Menu #3

Légumes / Fruits

* 1 fenouil
* 1 citron jaune
* 1 citron vert
* 1 laitue rouge ou rougette
* 1 botte de carottes
* 1 poignée de germes de soja (ou un petit sachet)
* 1 kg d'épinards frais (ou 500 g d'épinards surgelés hachés)
* 3 tomates
* 2 petits concombres
* 400 g de fèves avec les cosses (ou 200 g surgelées)
* 1 botte de cébettes (oignons verts)
* 1 botte de coriandre
* 5 cm de gingembre
* 4 gousses d'ail

Placard de base

* Chapelure
* Farine
* Moutarde
* Thym séché
* Vinaigre
* Huile d'olive et de tournesol
* Sel, poivre

Viande / Poisson

* 4 onglets de bœuf
* 4 escalopes de dinde très fines
* 2 tranches de jambon ou de dinde
* 20 crevettes surgelées crues décortiquées

Crèmerie

* 10 œufs
* 1 pot de ricotta (250 g)
* 1 petit sachet de parmesan
* 1 mozzarella
* 33 cl de crème liquide
* 1 bûche de chèvre cendrée

Épicerie

* 2 boîtes de thon germon (320 g env.)
* 8 anchois
* 50 g d'olives niçoises
* 200 g de conchiglionis
* 250 g de blé type Ebly®
* 200 g de nouilles de riz
* 20 cl de coulis de tomates nature
* 1 baguette (à acheter soit le week-end puis à congeler, soit le jeudi)
* Sauce soja
* Sauce nuoc-mâm

Lundi

Entrée
Fenouil mariné à l'huile d'olive et au citron

Plat
Cordons bleus maison*

Mardi

Onglet de bœuf mariné, purée de carottes nouvelles

Mercredi

Conchiglionis farcis ricotta épinards

Jeudi

Salade façon niçoise

Vendredi

Entrée
Toasts de chèvre chaud

Plat
Pad thaï aux crevettes

*Pour un menu sans porc, remplacez le jambon par du blanc de dinde.

Préparation

Menu #3

Au préalable

1) Si vous avez suffisamment de place, sortez les ingrédients dont vous allez avoir besoin pendant cette session de cuisine : tous sauf le citron vert, les germes de soja, les crevettes, 3 œufs, le parmesan, la bûche de chèvre, le thon, les anchois, les olives, le blé, les nouilles de riz et la sauce nuoc-mâm. Cela permet d'avoir tout sous la main et de ne pas perdre de temps à chercher les ingrédients dans les placards et le réfrigérateur.
2) Sortez les ustensiles nécessaires :
   - 1 râpe (pour râper des carottes)
   - 1 grand plat à gratin
   - 1 essoreuse à salade
   - 1 saladier
   - 1 sauteuse
   - 1 petite casserole
   - 1 casserole moyenne
   - 1 grande casserole
   - 1 mixeur plongeant
   - 1 écumoire
   - 3 assiettes creuses
   - 10 récipients : 3 grands + 3 moyens + 4 petits
   - 1 sac congélation (si vous congelez la baguette), film alimentaire, essuie-tout

C'est parti pour 2 h 10 de cuisine !

1 Lavez la salade en passant chaque feuille sous l'eau froide. Essorez soigneusement et conservez dans un grand récipient hermétique entre des feuilles de papier essuie-tout. La salade se conservera ainsi 1 semaine au réfrigérateur.

2 Enlevez l'élastique de la botte de coriandre et plongez-la dans l'eau fraîche. Essorez soigneusement et conservez également dans une boîte hermétique entre 2 feuilles de papier essuie-tout pendant 1 semaine.

3 Lavez les épinards, essorez-les puis hachez-les grossièrement. Pelez et émincez les 4 gousses d'ail.

4 Faites chauffer 2 cuil. à soupe d'huile d'olive dans une sauteuse. Ajoutez ½ cuil. à café d'ail, 1 cuil. à café de sel et les épinards hachés petit à petit. Laissez cuire 15 min sans couvrir, jusqu'à ce que toute l'eau se soit évaporée.

5 Portez une grande casserole d'eau salée à ébullition. Faites cuire les conchiglionis *al dente*. Égouttez.

6 Versez les épinards cuits dans un saladier. Ajoutez le pot de ricotta, salez, poivrez et mixez grossièrement à l'aide du mixeur plongeant.

7 Versez la sauce tomate dans un grand plat à gratin, salez et poivrez. Farcissez les conchiglionis avec le mélange ricotta-épinards à l'aide d'une petite cuillère. Disposez-les bien serrés dans le plat.

8 Portez une moyenne casserole d'eau salée à ébullition. Pelez toutes les carottes. Râpez-en 2 et conservez dans un récipient hermétique. Coupez les autres en rondelles. Faites-les cuire 20 min dans l'eau bouillante.

9 Portez une petite casserole d'eau salée à ébullition. Écossez les fèves puis faites-les cuire 2 min. Retirez-les de la casserole, avec une écumoire puis passez sous l'eau froide.
Dans la même casserole, faites durcir 4 œufs pendant 10 min.

10 Émincez très finement le fenouil (à la mandoline, au robot ou au couteau). Disposez dans un récipient avec le jus du citron jaune, 3 cuil. à soupe d'huile d'olive, ½ cuil. à café de sel et un peu de poivre. Mélangez et laissez mariner au réfrigérateur.

Préparation

Menu #3

__11__ Mixez les carottes en purée avec la brique de crème liquide, ½ cuil. à café de sel, un peu de poivre et ⅓ du gingembre.

__12__ Émincez les cébettes. Placez-les dans un petit récipient hermétique.

__13__ Préparez une marinade pour les onglets de bœuf en mélangeant 2 cuil. à soupe de sauce soja, 2 cuil. à soupe d'huile de tournesol, 6 brins de coriandre hachés, 1 cuil. à soupe de cébettes, ⅓ du gingembre râpé et ½ cuil. à café d'ail. Plongez les onglets dans cette marinade.

__14__ Placez le restant d'ail haché avec le reste de gingembre haché dans un petit récipient hermétique soigneusement fermé.

__15__ Lavez et coupez les concombres en rondelles, les tomates en tranches. Placez-les dans un récipient aux côtés des fèves protégées par leur peau.

__16__ Coupez la mozzarella en 8 tranches. Prenez 3 assiettes creuses. Dans la première, versez 4 cuil. à soupe de farine. Dans la seconde, 3 œufs battus. Dans la troisième, 100 g de chapelure.

__17__ Préparez les cordons bleus : placez une escalope de dinde entre 2 rectangles de film alimentaire. Aplatissez-la en tapant avec le fond d'une casserole lourde. Répétez l'opération pour chaque escalope. Coupez les tranches de jambon en deux. Placez ½ tranche sur chaque escalope. Placez ensuite 2 tranches de mozzarella au centre, salez et poivrez. Refermez l'escalope. Passez-la

des 2 côtés dans l'assiette de farine, puis dans les œufs battus et enfin dans la chapelure. Répétez l'opération pour chaque escalope.

18 Réalisez une grande vinaigrette en mélangeant 2 cuil. à soupe de moutarde, 3 cuil. à soupe de vinaigre, 1 cuil. à café de sel et un peu de poivre, puis émulsionnez en versant 6 cuil. à soupe d'huile d'olive l'une après l'autre.

19 Si vous avez acheté la baguette ce week-end, coupez-la en tranches et mettez-la dans un sac congélation.

Tout est prêt ! Laissez refroidir.

Placez au réfrigérateur :

* Le fenouil mariné (se conserve 2 jours)
* Les cordons bleus (se conservent 2 jours)
* Les onglets marinés (se conservent 3 jours)
* La purée de carottes (se conserve 3 jours)
* Les conchiglionis farcis, directement dans le plat à gratin, recouvert de film alimentaire (se conservent 4 jours)
* Les 4 œufs durs (se conservent 5 jours)
* Le récipient contenant les tomates, les concombres et les fèves (se conservent 1 semaine)
* Les oignons émincés (se conservent 1 semaine)
* La salade lavée (se conserve 1 semaine)
* Les carottes râpées (se conservent 1 semaine)
* Le reste de coriandre (se conserve 1 semaine)
* Le petit récipient contenant l'ail et le gingembre hachés (se conservent 1 semaine)
* La vinaigrette (se conserve 1 semaine)

Placez au congélateur :

* Les tranches de baguette (le cas échéant)

Résultat

Men

Menu #3

Lundi

Entrée

Fenouil mariné à l'huile d'olive et au citron

Plat

Cordons bleus maison

Temps de cuisson :
10 min

Ingrédients : le fenouil mariné, les cordons bleus, la moitié de la laitue, de la vinaigrette, huile d'olive

Sortez le fenouil mariné au moins 15 min avant de le servir. Faites chauffer une poêle avec 3 cuil. à soupe d'huile d'olive. Faites cuire les cordons bleus 5 min de chaque côté à feu doux. Servez avec la salade arrosée de vinaigrette (gardez-en pour les jours suivants).

Mardi

Onglet de bœuf mariné, purée de carottes nouvelles

Temps de réchauffage :
10 min
Temps de cuisson :
5 min

Ingrédients : les onglets marinés, la purée de carottes, les cébettes

Faites réchauffer la purée de carottes à la casserole ou au micro-ondes, selon votre préférence.
Parsemez de 1 cuil. à soupe de cébettes.
Faites cuire les onglets avec leur marinade 5 min à feu vif.

Mercredi

Conchiglionis farcis ricotta épinards

Temps de réchauffage :
10 min

Ingrédients : les conchiglionis farcis, le petit sachet de parmesan

Préchauffez le four à 200 °C (th. 6-7).
Saupoudrez de parmesan et laissez gratiner 10 min.

Jeudi

Salade façon niçoise

Temps de préparation :
10 min
Temps de cuisson :
10 min

Ingrédients : 250 g de blé type Ebly®, le récipient contenant les tomates, le concombre et les fèves, les 8 anchois, les œufs durs, le thon, 4 brins de coriandre, les cébettes, les olives niçoises, de la vinaigrette

Faites cuire le blé selon les indications du paquet. Refroidissez-le en le passant sous l'eau froide. Enlevez la peau des fèves en les pinçant entre les doigts. Écalez les œufs. Réunissez tous les ingrédients dans un saladier, servez avec la vinaigrette (gardez-en un peu pour le lendemain).

Vendredi

Entrée

Toasts de chèvre chaud

Plat

Pad thaï aux crevettes

Temps de cuisson :
10 min
Temps de préparation :
15 min

Ingrédients : le reste de salade, la baguette, la bûche de chèvre, thym, vinaigrette ; 200 g de nouilles de riz, les crevettes surgelées, le mélange ail-gingembre, 3 œufs, sauce soja, sauce nuoc-mâm, germes de soja, les carottes râpées, le reste des cébettes, le reste de coriandre, le citron vert, huile de tournesol

Préchauffez le four à 200 °C (th. 6-7). Faites griller les tranches de pain pendant 3 min. Coupez la bûche de chèvre en rondelles. Placez une rondelle sur chaque tranche, parsemez de thym et remettez au four 3 min pour faire fondre le fromage. Servez sur la salade assaisonnée de vinaigrette. Réhydratez les nouilles de riz en les plongeant 5 min dans de l'eau très chaude. Rincez les crevettes, séchez-les et incisez le dos avec un couteau. Faites chauffer 3 cuil. à soupe d'huile dans un wok ou une sauteuse. Versez les crevettes et laissez-les cuire 1 min à feu très vif. Retirez les crevettes et réservez dans un bol. Dans le wok, versez le mélange ail-gingembre. Laissez cuire 1 min. Ajoutez les carottes râpées, 4 cuil. à soupe de sauce soja et 4 cuil. à soupe de sauce nuoc-mâm. Ajoutez les nouilles réhydratées et 1 grand verre d'eau. Laissez cuire 5 min en mélangeant. Placez les nouilles sur le côté du wok et cassez 3 œufs sur le côté libre. Laissez cuire 2 min puis mélangez avec les nouilles. Remettez les crevettes, mélangez pendant 30 s puis éteignez. Ajoutez les germes de soja, les cébettes et parsemez de coriandre ciselée. Servez avec des tranches de citron vert.

Menu #4

Panier

Légumes / Fruits

- 1,8 kg de pommes de terre nouvelles
- 250 g de petits pois écossés
- 200 g de pois gourmands
- 3 carottes
- 1 petit chou-fleur
- 1 petit brocoli
- 1 botte de ciboulette
- 1 botte de cerfeuil
- 6 asperges vertes
- 100 g de pousses d'épinards
- 2 citrons jaunes bio
- 3 oignons jaunes
- 4 gousses d'ail

Placard de base

- 2 feuilles de laurier
- *Ras-el-hanout*
- Cumin
- Huile d'olive
- Sel, poivre

Viande / Poisson

- 1 côte de veau de 1 kg env.
- 300 g de filets de maquereaux fumés
- 400 g de filets de poulet

Crèmerie

- 125 g de beurre
- 33 cl de crème liquide
- 300 g fromage frais type Philadelphia®
- 1 paquet de feta

Épicerie

- 250 g de tagliatelles
- 8 tranches de pain de mie
- 1 boîte de pois chiches
- 200 g de boulgour
- 250 g de riz
- 4 cuil. à soupe de câpres
- 100 g d'amandes
- 2 boîtes de tomates concassées (environ 800 g)
- 30 g d'olives noires dénoyautées
- 2 cubes de bouillon de volaille

Lundi

Côte de veau en cocotte, légumes printaniers

Mardi

Entrée
Chou-fleur en vinaigrette aux câpres

Plat
Cheesecake salé

Mercredi

Entrée
Rillettes de maquereau fumé

Plat
Poulet puttanesca et riz

Jeudi

Boulgour épicé au chou-fleur, brocoli et pois chiches

Vendredi

Tagliatelles au maquereau fumé et légumes

Préparation

Menu #4

Au préalable

1) Si vous avez suffisamment de place, sortez les ingrédients dont vous allez avoir besoin pendant cette session de cuisine : tous sauf 1 citron, la crème liquide, les tagliatelles, 4 tranches de pain de mie, les pois chiches, le boulgour et le riz. Cela permet d'avoir tout sous la main et de ne pas perdre de temps à chercher les ingrédients dans les placards et le réfrigérateur.
2) Sortez les ustensiles nécessaires :
   * 1 cocotte ou 1 faitout
   * 1 grande casserole
   * 1 sauteuse
   * 1 plaque de four
   * 1 petit moule à tarte à fond amovible
   * 1 robot mixeur
   * 1 saladier
   * 1 essoreuse à salade (ou 1 torchon propre)
   * 1 râpe ou zesteur
   * 1 essoreuse à salade
   * 6 récipients : 3 grands + 1 moyen + 2 petits
   * 1 pot en verre
   * Papier sulfurisé, film alimentaire

C'est parti pour 1 h 55 de cuisine !

1 Préchauffez le four à 180 °C (th. 6). Placez 4 tranches de pain de mie et les 100 g d'amandes sur une plaque de four. Enfournez pour 10 min.

2 Pelez les oignons et les gousses d'ail. Émincez-les et réservez dans 2 bols.

3 Dans la cocotte, faites chauffer 3 cuil. à soupe d'huile d'olive. Salez et poivrez la côte de veau et déposez-la dans la cocotte. Faites dorer 5 min à feu vif de chaque côté.

4 Retirez la côte de veau de la cocotte puis déposez-y ⅓ des oignons et de l'ail émincés ainsi que 1 cuil. à café de sel. Laissez fondre 5 min à feu doux.

5 Pendant ce temps, pelez les pommes de terre et les carottes. Coupez les carottes en tronçons et les pommes de terre en deux. Mettez-les dans la cocotte. Ajoutez 2 verres d'eau, 1 cube de bouillon de volaille et les feuilles de laurier. Remettez la côte de veau. Couvrez et laissez mijoter 20 min à feu doux.

6 Sur une plaque de four, versez les boîtes de tomates concassées, les olives noires, la moitié du restant d'ail et d'oignons, 2 cuil. à soupe de câpres et 3 cuil. à soupe d'huile d'olive. Salez, poivrez et mélangez. Enfournez pour 35 min.

7 Dans le bol d'un mixeur, déposez le pain de mie grillé et la moitié des amandes grillées. Mixez afin de réduire en poudre. Faites fondre les 125 g de beurre. Ajoutez 90 g de beurre fondu dans le bol et remixez brièvement. Réservez le reste de beurre.

8 Découpez un cercle de papier sulfurisé de la taille de votre moule à tarte. Déposez le cercle sur le fond de tarte puis recouvrez du sablage. Aplatissez avec le fond d'un verre en laissant la pâte remonter sur les bords. Placez au réfrigérateur.

9 Lavez le mixeur pour pouvoir préparer les rillettes de maquereau fumé. Dans le bol, placez 150 g de filets de maquereaux sans la peau, 100 g de fromage frais, le restant de beurre fondu ainsi que le zeste de 1 citron jaune et les ⅔ de son jus. Mixez brièvement.

Préparation

10 Lavez la ciboulette et le cerfeuil et essorez-les soigneusement dans l'essoreuse à salade ou dans un torchon propre. Ciselez ⅓ de la botte de ciboulette sur les rillettes de maquereau fumé, mélangez et placez dans un bol de présentation.

11 Dans la cocotte, ajoutez les pois gourmands et la moitié des petits pois puis laissez cuire 15 min supplémentaires.

12 Coupez les blancs de poulet en lanières et ajoutez-les sur la plaque de four en mélangeant bien. Poursuivez la cuisson 10 min.

13 Lavez le mixeur pour pouvoir préparer l'appareil à cheesecake salé. Dans le bol, placez les 200 g de fromage frais restants, la moitié de la feta et le restant de jus de citron. Mixez longuement puis transvasez dans un saladier. Ciselez la moitié de la ciboulette restante et mélangez à la spatule. Sortez le fond de tarte du réfrigérateur et étalez à la spatule la préparation au fromage.

14 Lavez les pousses d'épinards et essorez-les dans l'essoreuse à salade. Ajoutez la moitié sur la plaque de four et poursuivez la cuisson pendant 2 min pour les faire fondre.

15 Faites chauffer 2 cuil. à soupe d'huile d'olive dans une sauteuse. Ajoutez le restant d'oignons émincés, 1 cuil. à soupe de *ras-el-hanout* et ½ cuil. à café de sel. Laissez fondre 5 min sur feu doux. Détachez les fleurettes du brocoli et du chou-fleur puis ajoutez-les dans la sauteuse avec 1 cube de bouillon. Couvrez d'eau à hauteur et laissez cuire 15 min à couvert.

16 Préparez une vinaigrette aux câpres : mélangez 4 cuil. à soupe d'huile d'olive, 2 cuil. à soupe de vinaigre de vin, ½ cuil. à café de cumin, 2 cuil. à soupe de câpres, un peu de sel et de poivre.

17 Hachez grossièrement au couteau le restant d'amandes grillées. Réservez dans un pot en verre.

18 Pelez les asperges, éliminez l'extrémité dure, coupez-les en 2 tronçons puis en deux dans le sens de la longueur.

Tout est prêt ! Laissez refroidir.

Placez au réfrigérateur :

* Les légumes verts crus : le restant de petits pois et de pousses d'épinards, les asperges pelées
* La cocotte avec le veau
* La moitié du chou-fleur cuit, sans jus de cuisson (se conserve 4 jours)
* Le brocoli et le chou-fleur cuits avec leur jus de cuisson (se conservent 4 jours)
* Les rillettes de maquereaux fumés (se conservent 5 jours)
* Le cheesecake salé (se conserve 3 jours)
* Le restant de ciboulette et de cerfeuil (se conservent 1 semaine)
* La vinaigrette aux câpres (se conserve 1 semaine)
* Le restant de maquereaux fumés soigneusement emballé
* Le restant de feta soigneusement emballé

Laissez dehors :

* Les amandes grillées

Placez au congélateur :

* Le poulet puttanesca, idéalement sur sa plaque de cuisson recouverte de film alimentaire

Résultat

Menu #4

Menu #4

Lundi

Côte de veau en cocotte, légumes printaniers

Temps de réchauffage : 15 min

Ingrédients : la cocotte de côte de veau aux légumes, sel et poivre

Réchauffez la cocotte à feu moyen pendant 15 min. Salez, poivrez et servez !

Mardi

Entrée

Chou-fleur en vinaigrette aux câpres

Plat

Cheesecake salé

Temps de cuisson : 5 min

Temps de préparation : 3 min

Ingrédients : le chou-fleur cuit, la vinaigrette aux câpres, 4 brins de ciboulette ; le cheesecake salé, le récipient avec les légumes verts crus, 4 brins de cerfeuil

Versez la vinaigrette sur le chou-fleur, ciselez la ciboulette et mélangez. Servez !

Portez une casserole d'eau salée à ébullition. Faites cuire la moitié des asperges et des petits pois pendant 5 min. Ils doivent rester croquants. Ciselez le cerfeuil sur le cheesecake pour décorer. Servez avec les légumes croquants et quelques pousses d'épinards. Remettez le restant de légumes verts crus au réfrigérateur, ils serviront pour la recette du vendredi !

Pour le mercredi, sortez le poulet puttanesca du congélateur et mettez-le au réfrigérateur afin qu'il décongèle.

Mercredi

Entrée

Rillettes de maquereau fumé

Plat

Poulet puttanesca et riz

Temps de réchauffage : 10 min

Temps de cuisson : 15 min

Temps de préparation : 5 min

Ingrédients : les rillettes de maquereau fumé, 4 tranches de pain de mie, 4 brins de cerfeuil ; le poulet puttanesca, 250 g de riz

Faites griller les tranches de pain de mie au grille-pain. Découpez-les en quatre. Tartinez les rillettes de maquereau fumé, parsemez de cerfeuil et servez !

Préchauffez le four à 180 °C (th. 6). Faites réchauffer le poulet puttanesca pendant 10 min. Faites cuire le riz selon les indications du paquet et servez avec le poulet puttanesca.

Jeudi

Boulgour épicé au chou-fleur, brocoli et pois chiches

Temps de cuisson :
10 min
Temps de réchauffage :
5 min
Temps de préparation :
3 min

Ingrédients : 200 g de boulgour, 1 boîte de pois chiches, le brocoli et le chou-fleur cuits avec leur jus de cuisson, les amandes grillées, la moitié du restant de ciboulette et de cerfeuil

Faites cuire le boulgour selon les indications du paquet (en général 10 min dans de l'eau bouillante salée). Égouttez les pois chiches et rincez-les. Versez-les dans le récipient avec le chou-fleur et le brocoli. Faites réchauffer pendant 5 min au micro-ondes. Versez sur le boulgour égoutté, parsemez d'amandes grillées et ciselez les herbes aromatiques puis parsemez-les sur le plat.

Vendredi

Tagliatelles au maquereau fumé et légumes

Temps de cuisson :
15 min
Temps de préparation :
10 min

Ingrédients : 250 g de tagliatelles, le restant de légumes verts cuits, le restant de maquereau fumé, 1 citron jaune bio, le restant de feta, la crème liquide, le restant d'herbes aromatiques, sel et poivre

Portez une grande casserole d'eau salée à ébullition. Faites cuire les tagliatelles avec les asperges et les petits pois. 2 min avant la fin de la cuisson, ajoutez les pousses d'épinards. Pendant ce temps, coupez le maquereau en lanières. Râpez le zeste du citron et pressez-le. Coupez la feta en petits dés. Ciselez les herbes aromatiques. Égouttez les pâtes aux légumes et versez dans un saladier. Ajoutez la crème liquide, le jus et le zeste de citron, le maquereau fumé, les dés de feta et les herbes aromatiques. Salez, poivrez et mélangez.

Été

Menu #1

Panier
Menu #1

Menu #1

Légumes / Fruits

- 4 grosses tomates rondes à farcir (ou 8 moyennes)
- 4 tomates grappe
- 6 courgettes
- 1 aubergine
- 5 poivrons rouges
- 3 grosses pommes de terre
- 1 concombre
- 1 citron jaune
- 1 botte de coriandre
- 1 botte de basilic
- 6 gousses d'ail
- 4 oignons jaunes

Placard de base

- Herbes de Provence
- Vinaigre de vin
- Huile d'olive
- Sel, poivre

Viande / Poisson

- 4 grosses cuisses de poulet
- 400 g de veau haché (ou du bœuf)
- 8 tranches fines de jambon au choix (de Parme, blanc, aux herbes, de dinde, prosciutto…)

Crèmerie

- 1 pot de crème fraîche de 20 cl
- 1 crottin de chèvre (environ 60 g)
- 1 paquet de feta
- 1 paquet de mozzarella râpée (150 g)
- 2 pâtes à pizza
- 1 pâte feuilletée

Épicerie

- 150 g d'olives noires dénoyautées
- 250 g de riz
- 150 g de quinoa blanc
- 400 g de coulis de tomates nature
- 1 paquet de pâtes courtes (des pennes par exemple)

Lundi

Entrée
Taboulé de quinoa

Plat
Cuisses de poulet
et ratatouille

Mardi

Pizzas aux légumes
et jambon de Parme*

Mercredi

Pâtes aux courgettes,
olives et poulet

Jeudi

Entrée
Chaussons chèvre-
ratatouille

Plat
Tomates farcies et riz

Vendredi

Grande salade de pâtes
aux légumes d'été

*Pour un menu sans porc, remplacez le jambon par du blanc de dinde.

Préparation

Au préalable

1) Si vous avez suffisamment de place, sortez les ingrédients dont vous allez avoir besoin pendant cette session de cuisine : tous sauf le jambon, la pâte feuilletée, les pâtes à pizza, la feta, la mozzarella râpée, les olives, le riz, le coulis de tomates et les pâtes. Cela permet d'avoir tout sous la main et de ne pas perdre de temps à chercher les ingrédients dans les placards et le réfrigérateur.
2) Sortez les ustensiles nécessaires :
   - 1 plaque de four
   - 1 grande casserole
   - 1 poêle
   - 1 cocotte
   - 2 bols
   - 1 plat à gratin
   - 1 essoreuse à salade
   - 1 passoire à tamis fin
   - 1 verre de 8 à 10 cm de diamètre
   - 10 récipients : 3 petits, 5 moyens et 2 grands
   - Essuie-tout, papier sulfurisé

C'est parti pour 1 h 30 de cuisine !

1 Préchauffez le four à 200 °C (th. 6-7).

2 Pelez et hachez tous les oignons et toutes les gousses d'ail (coupez-les en tout petits dés). Réservez dans 2 bols.

3 Déposez les 4 cuisses de poulet sur une plaque de cuisson recouverte de papier sulfurisé. Saupoudrez généreusement d'herbes de Provence et salez. Enfournez pour 40 min.

4 Préparez la ratatouille : dans une cocotte, faites chauffer 2 cuil. à soupe d'huile d'olive. Ajoutez la moitié des oignons et de l'ail avec 1 cuil. à soupe de sel. Laissez fondre à couvert et à feu doux.

5 Pendant ce temps, lavez les poivrons, coupez-les en deux, enlevez les pépins et les membranes blanches et coupez-les en petits dés. Versez les dés de 3 poivrons au fur et à mesure dans la cocotte. Placez les dés des 2 poivrons restants dans une boîte hermétique et conservez au réfrigérateur.

6 Lavez les courgettes. Ôtez les extrémités ; coupez-les en petits dés. Versez les dés de 3 courgettes au fur et à mesure dans la cocotte. Placez les dés des 3 courgettes restantes dans une boîte hermétique et conservez au réfrigérateur.

7 Lavez les 4 grosses tomates à farcir. Coupez-les horizontalement pour enlever le chapeau. Avec une cuillère, videz la chair et versez-la dans la cocotte. Salez l'intérieur des tomates et placez-les retournées sur une assiette recouverte de papier essuie-tout afin de les faire dégorger.

8 Lavez l'aubergine et coupez-la en petits dés. Ajoutez au fur et à mesure dans la cocotte.

9 Pelez les pommes de terre et coupez-les en petits dés. Ajoutez au fur et à mesure dans la cocotte. Couvrez et laissez mijoter à feu doux pendant 35 min en mélangeant de temps en temps.

10 Faites tremper le basilic et la coriandre dans l'essoreuse à salade remplie d'eau. Essorez très soigneusement. Placez tout le basilic et la moitié de la coriandre dans un récipient hermétique entre 2 feuilles de papier

Préparation

essuie-tout. Conservez ainsi au réfrigérateur pendant 1 semaine.

__11__ Préparez la farce des tomates : dans une poêle, faites chauffer 1 cuil. à soupe d'huile d'olive. Versez le restant d'oignons hachés, la moitié de l'ail et 1 cuil. à café de sel.
Laissez fondre pendant 5 min. Pendant ce temps, hachez la coriandre restante. Versez la viande hachée et la coriandre dans la poêle.
Laissez cuire 10 min mélangeant souvent.

__12__ Faites bouillir 1,5 l d'eau salée dans une casserole. Rincez abondamment le quinoa.

__13__ Pelez le concombre et coupez-le en petits dés. Lavez les 4 tomates grappe et coupez-les en petits dés. Conservez séparément dans des récipients hermétiques (ils serviront pour les salades).

__14__ Faites cuire le quinoa pendant 15 min.

__15__ Remplissez les tomates de farce, placez dans un plat à gratin, recouvrez avec les chapeaux et enfournez pour 30 min, à la place des cuisses de poulet. Laissez ces dernières refroidir.

__16__ Prélevez 6 cuil. à soupe de ratatouille et laissez égoutter dans un tamis en pressant pour enlever un maximum de jus.

__17__ Préparez la sauce au citron pour le taboulé de quinoa : mélangez le jus du citron avec 2 cuil. à soupe d'huile d'olive, ½ cuil. à café de sel et un peu de poivre.

18 Déroulez la pâte feuilletée. Découpez des cercles avec un verre d'environ 10 cm de diamètre. Coupez le fromage de chèvre en petits dés. Déposez-les au centre de chaque cercle de pâte. Recouvrez de 1 cuil. à café de ratatouille égouttée et parsemez d'herbes de Provence. Repliez chaque cercle pour former un chausson. Soudez les bords en appuyant avec une fourchette. Enfournez pour 20 min.

19 Égouttez le quinoa et passez-le sous l'eau froide. Conservez dans un récipient hermétique.

20 Émiettez la chair de 2 cuisses de poulet. Réservez dans un récipient hermétique.

Tout est prêt ! Laissez refroidir.

Placez au réfrigérateur :

- Le quinoa cuit (se conserve 2 jours)
- La sauce au citron pour le taboulé de quinoa (se conserve 3 jours)
- Les bocaux de crudités : poivrons, courgettes, tomates et concombre (se conservent 1 semaine)
- La ratatouille, dans sa cocotte (se conserve 3 jours)
- Les 2 cuisses de poulet entières, dans une boîte hermétique (se conservent 2 jours)
- Le basilic et la coriandre dans leur récipient hermétique (se conservent 1 semaine)
- Le restant d'ail, dans une petite boîte hermétique (se conserve 1 semaine)

Placez au congélateur :

- Les chaussons chèvre-ratatouille
- Les tomates farcies
- La chair de poulet

Résultat

Menu #1

Menu #1

Lundi

Entrée
Taboulé de quinoa

Plat
Cuisses de poulet et ratatouille

Temps de réchauffage :
15 min
Temps de préparation :
2 min

Ingrédients : le quinoa cuit, la sauce au citron, les bocaux de dés de tomates, de concombre et de poivrons, la moitié de la coriandre ; la cocotte de ratatouille, les cuisses de poulet cuites

Faites réchauffer la ratatouille dans sa cocotte et les cuisses de poulet, soit au four préchauffé à 180 °C (th. 6), soit dans la cocotte avec la ratatouille, selon votre préférence.
Ciselez la coriandre. Dans un saladier, versez le quinoa, la coriandre, la moitié du bocal de tomates et de concombre et ¼ du bocal de poivrons. Versez la sauce au citron et mélangez. Servez !

Mardi

Pizzas aux légumes et jambon de Parme

Temps de cuisson :
10 min
Temps de préparation :
6 min

Ingrédients : les 2 pâtes à pizza, la sauce tomate, la mozzarella râpée, les bocaux de courgettes et de poivrons, quelques olives noires (facultatif), un peu d'herbes de Provence, les tranches de jambon, 2 branches de basilic

Préchauffez le four à 210 °C (th. 7). Pendant ce temps, déroulez les pâtes à pizza et nappez de sauce tomate, en laissant 2 cm de libre sur les bords. Répartissez la moitié des courgettes et la moitié des poivrons (remettez le reste au réfrigérateur). Saupoudrez d'herbes de Provence et répartissez quelques olives noires. Recouvrez de mozzarella râpée. Enfournez pour 10 min. Disposez sur chaque pizza 4 tranches de jambon et les feuilles d'une branche de basilic. Servez !
Pour le mercredi, sortez la chair de poulet du congélateur et mettez-la au réfrigérateur afin qu'elle décongèle.

Mercredi

Pâtes aux courgettes, olives et poulet

Temps de cuisson et réchauffage :
15 min
Temps de préparation :
2 min

Ingrédients : le paquet de pâtes courtes, 1 poignée d'olives noires, le bocal de courgettes, le restant d'ail, la chair de poulet décongelée, le petit pot de crème fraîche, la moitié du basilic, huile d'olive, sel, poivre

Faites cuire tout le paquet de pâtes dans un grand volume d'eau salée. Pendant ce temps, faites chauffer 1 cuil. à soupe d'huile d'olive dans une sauteuse. Ajoutez l'ail et toutes les courgettes. Laissez cuire 10 min. Égouttez les pâtes. Réservez la moitié dans un récipient hermétique (pour la salade de pâtes du vendredi). Dans la sauteuse, ajoutez le poulet, la crème fraîche, les olives, les pâtes, salez et poivrez. Poursuivez la cuisson 2 min. Parsemez de basilic. Servez !

Pour le jeudi, sortez les chaussons chèvre-ratatouille et les tomates farcies du congélateur et mettez-les au réfrigérateur afin qu'ils décongèlent.

Jeudi

Entrée
Chaussons chèvre-ratatouille

Plat
Tomates farcies et riz

Temps de réchauffage :
15 min
Temps de cuisson :
10 min

Ingrédients : les chaussons chèvre-ratatouille, les tomates farcies, 250 g de riz

Faites réchauffer les chaussons et les tomates farcies au four préchauffé à 160 °C (th. 5-6). Faites cuire le riz selon les indications du paquet. Servez !

Vendredi

Grande salade de pâtes aux légumes d'été

Temps de préparation :
5 min

Ingrédients : les pâtes cuites, les bocaux de tomates, de concombre et de poivrons, le reste de coriandre et de basilic, la feta, le reste d'olives noires, huile d'olive, vinaigre de vin, sel et poivre

Coupez la feta en dés. Ciselez la coriandre et le basilic. Versez tous les ingrédients dans un saladier. Versez 2 cuil. à soupe d'huile d'olive, 1 cuil. à soupe de vinaigre, salez, poivrez et mélangez. Servez !

Menu #2

Panier

Menu #2

Épicerie
Menu #2

Légumes / Fruits

- ⁕ 4 grosses aubergines
- ⁕ 4 courgettes
- ⁕ 1,5 kg de grosses pommes de terre charlotte
- ⁕ 500 g de haricots verts frais ou surgelés
- ⁕ 250 g de champignons de Paris
- ⁕ 500 g de petits pois frais écossés ou surgelés
- ⁕ 1 concombre
- ⁕ 1 petite barquette de tomates cerise multicolores
- ⁕ 1 botte d'oignons frais
- ⁕ 1 petit sachet de mesclun
- ⁕ 1 botte de menthe
- ⁕ 1 botte d'aneth
- ⁕ 1 citron jaune
- ⁕ 3 gousses d'ail
- ⁕ 2 oignons rouges

Placard de base

- ⁕ Chapelure (180 g)
- ⁕ Noix muscade
- ⁕ Vinaigre de vin
- ⁕ Huile d'olive
- ⁕ Sel, poivre

Viande / Poisson

- ⁕ 1 kg de bœuf haché
- ⁕ 4 pavés de saumon frais sans la peau
- ⁕ 2 dos de cabillaud frais (300 g en tout)

Crèmerie

- ⁕ 25 g de beurre
- ⁕ 33 cl de crème liquide
- ⁕ 1 paquet de feta
- ⁕ 1 paquet de ricotta (250 g)
- ⁕ 1 paquet de parmesan (60 g)
- ⁕ 4 œufs

Épicerie

- ⁕ 400 g de lentilles vertes
- ⁕ 250 g de riz blanc ou semi-complet
- ⁕ 1 boîte de tomates concassées (400 g env.)
- ⁕ 1 pot de 250 g de coulis de tomates nature
- ⁕ Cannelle en poudre

Lundi

Grande salade
de pommes de terre,
saumon, mesclun,
oignons et concombre

Mardi

Entrée
Salade de lentilles
à la grecque

Plat
Courgettes farcies

Mercredi

Moussaka

Jeudi

Blanquette de poisson
à l'aneth + riz

Vendredi

Entrée
Soupe de petits pois-
feta et menthe

Plat
Boulettes de lentilles
à la sauce tomate
+ haricots verts

Préparation

Menu #2

Au préalable

1) Si vous avez suffisamment de place, sortez les ingrédients dont vous allez avoir besoin pendant cette session de cuisine : tous sauf les haricots verts, les tomates cerise, le mesclun, le citron, le coulis de tomates et le riz. Cela permet d'avoir tout sous la main et de ne pas perdre de temps à chercher les ingrédients dans les placards et le réfrigérateur.
2) Sortez les ustensiles nécessaires :
   * 2 plaques de four
   * 2 bols
   * 1 cuit-vapeur
   * 1 grand plat à gratin
   * 1 sauteuse
   * 1 grande casserole
   * 1 petite poêle
   * 1 robot mixeur
   * 1 mixeur plongeant
   * 1 chinois (tamis fin)
   * 1 essoreuse à salade (ou grand saladier)
   * 1 bocal en verre de 1,5 l de contenance (pour conserver la soupe de petits pois)
   * 6 récipients : 3 grands et 3 moyens
   * Essuie-tout, papier sulfurisé, film alimentaire

C'est parti pour 2 h de cuisine !

1 Préchauffez le four à 200 °C (th. 6-7).
Lavez les aubergines, coupez-les dans la longueur en tranches de 2 cm d'épaisseur. Déposez-les sur 2 plaques de cuisson tapissées de papier sulfurisé. Badigeonnez d'un peu d'huile d'olive, salez et enfournez pour 30 min.

2 Lavez les courgettes. Coupez-les en deux dans le sens de la longueur. Évidez soigneusement le centre avec une petite cuillère. Placez-les au four aux côtés des aubergines. Laissez précuire 10 min.

3 Plongez la menthe et l'aneth dans l'essoreuse à salade remplie d'eau. Laissez tremper 5 min. Videz l'eau et essorez soigneusement. Placez la moitié de chaque botte dans un récipient entre 2 feuilles de

papier essuie-tout. Conservez ainsi au réfrigérateur pendant 1 semaine. Hachez séparément l'autre moitié des herbes et réservez dans 2 bols distincts.

4 Pelez les pommes de terre. Faites-les cuire à la vapeur 20 min environ, jusqu'à ce que la pointe d'un couteau s'enfonce facilement. Pelez les 2 oignons rouges. Coupez-en 1 ½ en petits dés et ½ en très fines lamelles.

5 Portez une grande casserole d'eau à ébullition. Pendant ce temps, pelez et hachez finement les 3 gousses d'ail. Réservez. Rincez les lentilles dans un tamis. Plongez-les dans l'eau bouillante et faites-les cuire selon les indications du paquet. Ne salez qu'en fin de cuisson. Égouttez et laissez refroidir.

6 Dans une sauteuse, faites chauffer 2 cuil. à soupe d'huile d'olive. Ajoutez les ⅔ des oignons rouges en dés et la moitié de l'ail haché. Salez et laissez fondre 5 min.

7 Pendant ce temps, pelez le concombre et coupez-le en petits cubes. Réservez dans un récipient hermétique.

8 Dans la sauteuse, versez les ⅔ de la viande hachée et laissez cuire pendant 10 min. Avec l'autre partie de la viande, façonnez une farce pour les courgettes : mélangez la viande avec 1 œuf, 30 g de chapelure, la moitié du restant d'ail et d'oignons hachés, 2 cuil. à soupe de menthe hachée, salez et poivrez.

9 Remplissez les courgettes précuites de farce. Saupoudrez de la moitié du paquet de parmesan. Enfournez pendant 15 min.

Préparation

Menu #2

10 Ajoutez dans la sauteuse la boîte de tomates concassées, ¼ de cuil. à café de cannelle et un peu de sel. Laissez mijoter 20 min.

11 Coupez les pommes de terre cuites à la vapeur : un quart en rondelles et l'autre partie en gros dés.

12 Préparez la crème pour la moussaka : mélangez la moitié de la ricotta avec 2 œufs, 50 g de feta émiettée et 2 cuil. à soupe de parmesan.

13 Dans le plat à gratin, disposez ⅓ des lamelles d'aubergines, puis toutes les lamelles de pommes de terre. Recouvrez de la moitié de la viande à la tomate, puis d'un autre tiers des tranches d'aubergines et le reste de viande. Terminez par une couche d'aubergines et recouvrez de la crème. Enfournez pour 25 min.

14 Lavez les oignons botte, coupez les extrémités et émincez. Lavez les champignons, coupez les pieds et coupez-les en deux.

15 Lavez la sauteuse. Faites fondre les 25 g de beurre. Ajoutez la moitié des oignons botte émincés, les champignons et ½ cuil. à café de sel. Laissez fondre 2 min. Versez l'aneth hachée dans la sauteuse, avec la crème liquide, une poignée de petits pois et ½ verre d'eau. Laissez cuire à feu doux pendant 5 min.

16 Pendant ce temps, coupez le cabillaud et le saumon en gros dés. Ajoutez-les dans la sauteuse et poursuivez la cuisson 5 min.

17 Préparez les boulettes de lentilles : dans un robot mixeur, versez la moitié des lentilles cuites, le restant de ricotta, 1 œuf, le restant d'ail

20 Dans la sauteuse de blanquette de poisson, prélevez la moitié des dés de saumon. Placez-les dans un grand récipient avec le restant de dés de pommes de terre et d'oignons frais émincés.

et d'oignons, 125 g de chapelure et 1 cuil. à soupe de menthe hachée. Salez et poivrez. Formez des boulettes entre vos mains. Roulez-les dans un peu de chapelure. Faites chauffer une poêle avec 1 cuil. à soupe d'huile d'olive. Faites dorer les boulettes de tous les côtés pendant 10 min.

18 En attendant, dans une casserole, portez 1 l d'eau salée à frémissement. Placez le restant de lentilles cuites dans un récipient hermétique avec les lamelles d'oignons rouges.

19 Plongez les petits pois et la moitié du restant d'oignons frais dans l'eau frémissante. Laissez cuire 15 min. Ajoutez 1 poignée de dés de pommes de terre, le restant de menthe hachée et 40 g de feta. Mixez longuement. Filtrez à travers un chinois. Versez dans un bocal en laissant un peu de vide.

Tout est prêt ! Laissez refroidir.

Placez au réfrigérateur :

* Les dés de concombre (se conservent 1 semaine)
* Le récipient avec le restant de lentilles cuites et d'oignons rouges
* Le récipient de dés de pommes de terre, saumon et oignons (se conservent 2 jours)
* Les courgettes farcies si vous les consommez dans les 2 jours
* La menthe et l'aneth dans le récipient hermétique (se conservent 1 semaine)

Placez au congélateur :

* Les courgettes farcies si vous les consommez plus de 2 jours après confection
* La soupe de petits pois à la menthe
* Les boulettes de lentilles
* La moussaka, directement dans son plat à gratin, recouvert de film alimentaire
* La blanquette de poisson

Résultat

Menu #2

GREENPAN

Menu #2

Lundi

Grande salade de pommes de terre, saumon, mesclun, oignons et concombre

Temps de préparation : 5 min

Ingrédients : le récipient de dés de pommes de terre, saumon et oignons, le sachet de mesclun, la moitié des dés de concombre, la moitié du restant d'aneth, le citron, huile d'olive, sel, poivre

Préparez la sauce : émulsionnez, dans le fond d'un grand saladier, le jus du citron avec 3 cuil. à soupe d'huile d'olive, ½ cuil. à café de sel et 1 pincée de poivre. Versez les ingrédients de la salade et mélangez.

Pour le mardi, si vous avez congelé les courgettes farcies, sortez-les du congélateur et mettez-les au réfrigérateur afin qu'elles décongèlent.

Mardi

Entrée

Salade de lentilles à la grecque

Plat

Courgettes farcies

Temps de réchauffage : 15 min

Temps de préparation : 10 min

Ingrédients : les courgettes farcies, les tomates cerise, les lentilles cuites avec les lamelles d'oignons rouges, le restant de concombre, la feta, la menthe, huile d'olive, vinaigre, sel, poivre

Réchauffez les courgettes farcies au four préchauffé à 160 °C (th. 5-6).

Dans un saladier, émulsionnez 3 cuil. à soupe d'huile d'olive avec 1 cuil. à soupe de vinaigre, 1 cuil. à café de sel et 1 pincée de poivre. Coupez les tomates cerise en deux. Coupez ¾ du restant de feta en dés et remettez le paquet au réfrigérateur. Ciselez les ¾ de la menthe, remettez le reste au réfrigérateur. Dans le saladier, mélangez les tomates cerise, les lentilles, les lamelles d'oignons rouges, les dés de concombre, les dés de feta et la moitié de la menthe ciselée.

Saupoudrez un peu de menthe sur les courgettes farcies réchauffées.

Pour le mercredi, sortez la moussaka du congélateur et mettez-la au réfrigérateur afin qu'elle décongèle.

Mercredi

Moussaka

Temps de réchauffage :
15 min

Ingrédients : la moussaka
Réchauffez la moussaka au four préchauffé à 160 °C (th. 5-6) et servez !
Pour le jeudi, sortez la blanquette de poisson du congélateur et mettez-la au réfrigérateur afin qu'elle décongèle.

Jeudi

Blanquette de poisson à l'aneth, riz

Temps de réchauffage :
10 min
Temps de cuisson :
15 min
Temps de préparation :
3 min

Ingrédients : la blanquette de poisson décongelée, 250 g de riz, le restant d'aneth
Faites réchauffer la blanquette dans une casserole à feu très doux pendant 10 min. Pendant ce temps, faites cuire le riz selon les indications du paquet. Saupoudrez d'aneth et servez !
Pour le vendredi, sortez la soupe de petits pois et les boulettes de lentilles du congélateur et mettez-les au réfrigérateur afin qu'elles décongèlent.

Vendredi

Entrée
Soupe de petits pois-feta et menthe

Plat
Boulettes de lentilles à la sauce tomate + haricots verts

Temps de réchauffage :
10 min
Temps de cuisson :
15 min
Temps de préparation :
10 min

Ingrédients : la soupe, les boulettes, le coulis de tomates, le restant de feta, le restant de menthe, sel, poivre
Réchauffez la soupe dans une casserole. Servez-la avec le restant de feta émiettée dessus, un peu de poivre et la menthe ciselée.
Portez 1,5 l d'eau salée à ébullition et faites cuire les haricots verts. Dans une casserole, versez la sauce tomate avec ½ cuil. à café de sel et 1 pincée de poivre. Laissez réduire pendant 5 min. Ajoutez les boulettes et laissez réchauffer pendant 5 min.

Menu #3

Panier

Menu #3

Menu #3

Légumes / Fruits

- 3 aubergines
- 800 g de grosses pommes de terre charlotte
- 2 poivrons rouges
- 2 poivrons jaunes
- 2 poivrons verts
- 4 courgettes
- 1 barquette de tomates cerise
- 1 petit sachet de roquette
- 1 botte de coriandre
- 1 botte de basilic
- 1 petit citron jaune
- 6 gousses d'ail
- 4 oignons
- 3 cm de gingembre

Placard de base

- Noix muscade
- Huile d'olive
- Sel, poivre

Viande / Poisson

- 8 merguez
- 8 tranches de bresaola
- 4 filets de poulet

Crèmerie

- 6 œufs
- 1 mozzarella
- 25 cl de crème liquide

Épicerie

- 1 gros pain de campagne au levain
- 250 g de spaghettis
- 250 g de blé type Ebly®
- 250 g de semoule (pour couscous)
- Sauce soja
- Miel liquide
- Tahin (facultatif)
- Cumin en poudre
- Coriandre en poudre

Menus

Lundi

Brochettes de poulet mariné, blé aux légumes rôtis

Mardi

Couscous de merguez

Mercredi

Entrée
Caviar d'aubergines

Plat
Tortilla au four

Jeudi

Bruschettas d'été

Vendredi

Entrée
Poivrons marinés à l'ail et à l'huile d'olive

Plat
Spaghettis à la tunisienne

Préparation

Menu #3

Au préalable

1) Si vous avez suffisamment de place, sortez les ingrédients dont vous allez avoir besoin pendant cette session de cuisine : tous sauf la roquette, la bresaola, la mozzarella, les spaghettis, le blé et la semoule. Cela permet d'avoir tout sous la main et de ne pas perdre de temps à chercher les ingrédients dans les placards et le réfrigérateur.
2) Sortez les ustensiles nécessaires :
   - 2 grandes plaques de four
   - 1 moule à gâteau rond
   - 1 robot mixeur
   - 1 grand saladier
   - 1 essoreuse à salade
   - 4 piques à brochettes (facultatif)
   - 4 récipients : 3 grands et 1 moyen
   - 2 sacs congélation
   - Essuie-tout, papier sulfurisé, film alimentaire

C'est parti pour 1 h 45 de cuisine !

1 Préchauffez le four en position gril. Coupez tous les poivrons en deux, enlevez les membranes blanches et les pépins. Sur une plaque de cuisson tapissée de papier sulfurisé, déposez 2 aubergines entières et les demi-poivrons, côté peau vers le haut. Enfournez pour 30 min.

2 Lavez et séchez les courgettes, l'aubergine restante et les tomates cerise. Pelez les pommes de terre. Pelez les oignons et les gousses d'ail.

3 Coupez toutes les courgettes ainsi que l'aubergine en dés. Émincez les oignons et hachez grossièrement l'ail. Coupez les pommes de terre en fines rondelles.

4 Plongez le basilic et la coriandre dans l'essoreuse à salade remplie d'eau. Laissez tremper 5 min. Videz l'eau et essorez soigneusement. Placez dans un récipient en verre entre 2 feuilles de papier essuie-tout. Conservez ainsi au réfrigérateur pendant 1 semaine.

5 Sortez les poivrons et les aubergines grillés du four. Laissez-les refroidir sur une assiette.

6 Recouvrez 2 plaques de four de papier sulfurisé. Sur l'une, déposez toutes les rondelles de pommes de terre et ¼ des ingrédients suivants : aubergines, courgettes, tomates cerise, oignons et ail. Sur la deuxième plaque de four, disposez le restant de ces ingrédients, sauf la moitié de l'ail haché. Sur chaque plaque, versez 2 cuil. à soupe d'huile d'olive, salez, poivrez et mélangez. Faites cuire au four à 200 °C (th. 6-7) pendant 30 min.

7 Préparez la marinade pour le poulet : dans un grand récipient en verre, mélangez 4 cuil. à soupe de sauce soja, 1 cuil. à soupe d'huile d'olive, 1 cuil. à soupe de miel, le gingembre râpé et ⅓ de l'ail restant. Coupez les filets de poulet en dés de taille identique. Versez-les dans la marinade, mélangez et conservez dans un récipient hermétique.

8 Récupérez la chair des aubergines. Placez-la dans le robot mixeur avec la moitié du restant d'ail, le jus du citron, 1 cuil. à soupe de tahin (facultatif), ½ cuil. à café de cumin, 1 cuil. à café de sel, 1 pincée de poivre et 1 cuil. à soupe d'huile d'olive. Mixez. Versez dans un bol de présentation et couvrez d'un film alimentaire.

Préparation

Menu #3

9 Enlevez la peau des poivrons. Coupez-les en lanières. Mettez de côté les lanières de poivrons verts (elles serviront pour la recette de spaghettis à la tunisienne). Placez la moitié des lanières de poivrons jaunes et rouges dans un joli saladier. Recouvrez de 3 cuil. à soupe d'huile d'olive, du restant d'ail haché et de 1 cuil. à café de sel. Mélangez, couvrez d'un film alimentaire et conservez au réfrigérateur. Recoupez le restant des lanières de poivrons en dés.

10 Dans un grand saladier, battez les 6 œufs avec un fouet. Ajoutez la crème liquide. Salez, poivrez et ajoutez 1 pincée de noix muscade.

11 Huilez le moule à gâteau rond en insistant bien sur les côtés. Découpez un cercle de papier sulfurisé de la taille du fond du moule. Versez-y les légumes rôtis de la plaque de cuisson contenant les pommes de terre. Recouvrez de la préparation aux œufs. Enfournez pour 30 min de cuisson à 180 °C (th. 6).

12 Coupez 4 merguez en tronçons de 1 cm. Laissez les 4 autres entières. Faites chauffer une poêle sans matière grasse et faites cuire les merguez. Retirez les 4 merguez entières. Ajoutez dans la poêle les lanières de poivrons verts. Laissez cuire jusqu'à ce que je jus s'évapore. Versez dans un récipient en verre.

13 Complétez le récipient de lamelles de poivrons verts et de tronçons de merguez avec la quasi-totalité des tomates cerise et quelques légumes rôtis. Conservez le reste des légumes rôtis avec les 4 merguez entières dans un grand récipient.

14 Coupez en tranches le pain de campagne. Dans un sac congélation, congelez 8 tranches dans le milieu (elles serviront pour les bruschettas) et les tranches plus proches de l'entame dans un autre sac congélation (elles serviront pour tartiner le caviar d'aubergines).

Tout est prêt ! Laissez refroidir.

Placez au réfrigérateur :

* Le caviar d'aubergines (se conserve 1 semaine)
* Les poivrons marinés (se conservent 1 semaine)
* Le poulet mariné (se conserve 2 jours)
* Les légumes cuits au four avec les 4 merguez précuites (se conservent 3 jours)
* Le basilic et la coriandre dans un récipient hermétique (se conservent 1 semaine)
* Les 4 merguez restantes

Placez au congélateur :

* Les tranches de pain au levain
* La tortilla, directement dans le moule, recouvert de film alimentaire
* Le récipient avec les lamelles de poivrons verts, les tomates cerise et les merguez
* le restant de légumes rôti

Résultat

Menu

Menu #3

Lundi

Brochettes de poulet mariné, blé aux légumes rôtis

Temps de réchauffage :
10 min
Temps de cuisson :
15 min
Temps de préparation :
1 min

Ingrédients : le poulet mariné, 250 g de blé, la moitié des légumes rôtis, la moitié du basilic, sel, poivre

Faites cuire le blé selon les indications du paquet. Réchauffez les légumes. Embrochez les dés de poulet sur 4 piques à brochettes. Faites cuire pendant 10 min à la poêle (ou au four en position gril, ou au barbecue). Mélangez les légumes au blé. Salez, poivrez et saupoudrez de basilic ciselé.

Mardi

Couscous de merguez

Temps de réchauffage :
15 min
Temps de cuisson :
5 min
Temps de préparation :
1 min

Ingrédients : le restant de légumes cuits au four avec les 4 merguez, 200 g de semoule de blé, la moitié de la coriandre, ½ cuil. à café de coriandre en poudre

Faites cuire la semoule. Dans une poêle, faites réchauffer les merguez sans matière grasse. Réservez. Dans la même poêle, versez les légumes, 1 verre d'eau et la coriandre en poudre. Laissez cuire 5 min. Ciselez la coriandre fraîche. Servez avec la semoule et les merguez.

Pour le mercredi, sortez la tortilla et les entames du pain de campagne du congélateur et mettez-les au réfrigérateur afin qu'elles décongèlent.

Mercredi

Entrée
Caviar d'aubergines

Plat
Tortilla au four

Temps de réchauffage :
15 min

Ingrédients : la tortilla, les ¾ du caviar d'aubergine, les tranches de pain de campagne (près de l'entame), 2 brins de coriandre

Réchauffez la tortilla au four préchauffé à 160 °C (th. 5-6). Faites griller le pain. Servez avec le caviar d'aubergines, parsemé de coriandre ciselée. Conservez au réfrigérateur le restant de caviar d'aubergines : il servira pour les bruschettas du jeudi.

Pour le jeudi, sortez les 8 belles tranches de pain de campagne du congélateur et mettez-les au réfrigérateur afin qu'elles décongèlent.

Jeudi

Bruschettas d'été

Temps de cuisson :
15 min
Temps de préparation :
7 min

Ingrédients : les 8 belles tranches de pain de campagne, le reste de caviar d'aubergines, 16 lamelles de poivrons marinés, la mozzarella, le sachet de roquette, 2 brins de basilic, huile d'olive

Préchauffez le four à 200 °C (th. 6-7). Mettez les tranches de pain à griller 4 min. Coupez la mozzarella en 16 petits morceaux. Étalez sur chaque tranche de pain 1 cuil. à café de caviar d'aubergines, recouvrez de 2 lamelles de poivrons et de 2 morceaux de mozzarella. Repassez au four 1 min pour faire fondre la mozzarella. Recouvrez de bresaola, de roquette, de basilic et versez 1 filet d'huile d'olive.
Pour le vendredi, sortez le récipient contenant les poivrons verts, les tomates cerise et les merguez du congélateur et mettez-le au réfrigérateur afin qu'il décongèle.

Vendredi

Entrée

Poivrons marinés à l'ail et à l'huile d'olive

Plat

Spaghettis à la tunisienne

Temps de réchauffage :
15 min
Temps de cuisson :
15 min
Temps de préparation :
5 min

Ingrédients : les poivrons marinés, 250 g de spaghettis, le récipient avec les poivrons verts décongelés, le restant de basilic, le restant de coriandre, sel et poivre

Saupoudrez les poivrons marinés de basilic, de sel et de poivre puis servez !
Faites cuire les spaghettis *al dente*. Dans une sauteuse, versez la marinade des poivrons à l'ail et commencez à faire chauffer. Ajoutez ensuite le mélange de légumes et merguez. Finissez en ajoutant les spaghettis cuits et parsemez de coriandre ciselée.

Menu #4

Panier

Menu #4

Menu #4

Légumes / Fruits

- 4 courgettes
- 1 gros ananas
- 3 avocats à maturité le vendredi
- 2 concombres
- 3 tomates pas trop mûres
- 250 g de petits pois écossés
- 1 laitue
- 1 petit citron
- 2 bottes d'oignons frais
- 1 botte de menthe
- 6 gousses d'ail
- 5 cm de gingembre

Placard de base

- 1 sachet de levure chimique
- Ketchup
- Maïzena®
- Huile d'olive
- Sel, poivre

Viande / Poisson

- 20 crevettes surgelées crues décortiquées
- 150 g de dés de jambon (ou de dinde)
- 150 g de filet de saumon fumé

Crèmerie

- 6 œufs
- 400 g de yaourt grec
- 1 pâte brisée
- 80 cl de crème liquide
- 1 fromage de chèvre affiné (100 à 150 g)
- 25 g de beurre

Épicerie

- 4 pains à burgers
- 200 g de farfalles
- 250 g de farine de blé
- 150 g de riz complet
- 1 petite boîte de maïs
- 1 grosse boîte de thon (env. 250 g poids net égoutté)
- 1 boîte de pois chiches
- 1 bocal de cœurs d'artichauts
- Herbes de Provence
- Sauce soja

Menus

Lundi

Entrée
Gaspacho de courgettes

Plat
Quiche au thon et à la tomate

Mardi

Riz sauté aux crevettes et à l'ananas

Mercredi

Entrée
Tzatzíki

Plat
Cake courgettes-jambon*

Jeudi

Burgers de pois chiches

Vendredi

Salade de farfalles au saumon fumé

* Pour un menu sans porc, remplacez le jambon par du blanc de dinde.

Préparation

Menu #4

Au préalable

1) Si vous avez suffisamment de place, sortez les ingrédients dont vous allez avoir besoin pendant cette session de cuisine : tous sauf les avocats, 2 tomates, le citron, 1 gousse d'ail, les crevettes surgelées, le saumon fumé, le yaourt grec, les pains à burgers, le maïs et les cœurs d'artichauts. Cela permet d'avoir tout sous la main et de ne pas perdre de temps à chercher les ingrédients dans les placards et le réfrigérateur.
2) Sortez les ustensiles nécessaires :
   - 1 plat à tarte
   - Billes de cuisson (ou des légumes secs)
   - 1 râpe à gros trous
   - 1 grand saladier
   - 1 moule à cake
   - 1 poêle
   - 1 grande casserole
   - 1 robot mixeur
   - 1 mixeur plongeant
   - 1 presse-ail (si possible)
   - 1 essoreuse à salade
   - 5 récipients : 2 petits, 2 moyens et 1 grand
   - 1 bocal ou 1 bouteille en verre de 1,5 l de contenance (pour le gaspacho de courgettes)
   - Essuie-tout, papier sulfurisé, aluminium

C'est parti pour 2 h 10 de cuisine !

1 Préchauffez le four à 180 °C (th. 6). Beurrez le plat à tarte et déposez la pâte brisée en appuyant bien sur les bords. Piquez le fond avec une fourchette. Froissez le papier qui enveloppait la pâte, déposez-le sur le fond de tarte et remplissez de billes de cuisson (ou de légumes secs). Précuisez la pâte à blanc pendant 30 min.

2 Pelez les 2 concombres, coupez-les en deux dans la longueur, enlevez les pépins puis râpez-les épais. Versez dans une passoire, salez généreusement et laissez égoutter pendant toute la durée de la session cuisine.

3 Coupez les extrémités des bottes d'oignons et émincez-les finement. Réservez dans un grand bol.

4 Préparez l'appareil à quiche : dans un grand saladier, fouettez 3 œufs avec 40 cl de crème liquide, 1 cuil. à café de sel et un peu de poivre. Ajoutez 2 cuil. à soupe d'oignons émincés, le thon en morceaux et ⅓ des petits pois. Lavez 1 tomate et coupez-la en rondelles. Versez l'appareil à quiche dans le fond de tarte précuit et recouvrez des rondelles de tomates. Enfournez pour 45 min dans le haut du four. Lavez le saladier.

5 Portez à ébullition une casserole contenant 50 cl d'eau salée.

6 Pelez et hachez 5 gousses d'ail (idéalement au presse-ail). Réservez dans un ramequin. Lavez les courgettes. Coupez-en 3 en gros morceaux et 1 en petits dés.

7 Dans la casserole, versez les gros morceaux de courgettes. Laissez cuire 10 min.

8 Lavez la laitue : détachez les feuilles et versez-les dans l'essoreuse à salade remplie d'eau. Ajoutez les grosses feuilles vertes un peu abimées dans la casserole de courgettes. Essorez soigneusement et conservez dans un grand récipient hermétique entre des feuilles de papier essuie-tout. La laitue se conservera ainsi 1 semaine.

9 Lavez et séchez soigneusement la menthe. Ciselez finement toute la botte. Réservez dans un bol.

10 Dans la casserole de courgettes, ajoutez 2 cuil. à soupe d'oignons émincés, ½ cuil. à café d'ail haché, 1 cuil. à soupe de menthe et 20 cl de crème

liquide. Mixez longuement. Transvasez le gaspacho dans une bouteille en verre.

11 Dans une poêle, faites chauffer 1 cuil. à soupe d'huile d'olive. Ajoutez 2 cuil. à soupe d'oignons émincés, ½ cuil. à café d'ail haché, les petits dés de courgettes et ½ cuil. à café de sel. Laissez cuire 10 min sans couvrir, jusqu'à ce que l'eau se soit totalement évaporée. Laissez refroidir.

12 Préparez l'appareil à cake : dans un grand saladier, battez 3 œufs avec 3 cuil. à soupe d'huile d'olive et le restant de crème liquide. Ajoutez petit à petit 250 g de farine et le sachet de levure pour bien les incorporer. Versez les dés de jambon, le fromage de chèvre coupé en dés, 1 cuil. à soupe de menthe ciselée, la poêlée de courgettes, 1 cuil. à café de sel et 1 cuil. à soupe d'herbes de Provence. Versez la pâte dans un moule à cake beurré et laissez cuire 1 h dans le bas du four. Au bout d'une dizaine de minutes, réalisez une légère incision dans la longueur du cake afin qu'il gonfle uniformément.

13 Lavez le riz et faites le cuire suivant les indications du paquet. Égouttez.

14 Réalisez les steaks de pois chiches : dans le robot mixeur, versez les pois chiches égouttés, 1 cuil. à soupe d'oignons émincés, un peu d'ail haché, 1 cuil. à café d'huile d'olive et 2 cuil. à soupe de Maïzena®. Mixez jusqu'à l'obtention d'une boule compacte. Formez 4 steaks du diamètre de vos pains à burgers. Faites cuire 2 min de chaque côté dans une poêle huilée. Réservez.

15 Coupez l'ananas en deux dans le sens de la longueur à l'aide d'un gros couteau à dents

(couteau à pain par exemple). Avec un petit couteau, contournez chaque demi-ananas en faisant attention à ne pas percer la peau. Coupez en long de chaque côté du centre fibreux. Avec une cuillère à soupe, récupérez les 2 rectangles de chair puis enlevez et jetez le centre fibreux. Découpez la chair en dés.

16 Dans une poêle, faites chauffer 1 cuil. à soupe d'huile d'olive. Versez la moitié du restant d'oignons émincés, tout le reste d'ail haché et le restant de petits pois. Râpez le gingembre au-dessus de la poêle. Versez 1 cuil. à soupe de sauce soja. Laissez cuire 2 min puis ajoutez l'ananas et le riz cuit et poursuivez la cuisson 5 min.

Tout est prêt ! Laissez refroidir.

Placez au réfrigérateur :

* Le restant d'oignons frais émincés (se conservent 1 semaine)
* Le restant de menthe ciselée (se conserve 1 semaine)
* Le concombre râpé dégorgé (se conserve 1 semaine)
* Les feuilles de laitue lavées (se conservent 1 semaine)
* Le gaspacho de courgettes (se conserve 2 jours)
* La quiche au thon (se conserve 2 jours)
* Les demi-ananas vidés, dans une assiette recouverte de papier aluminium (se conservent 4 jours)
* Le riz sauté à l'ananas et aux petits pois (se conserve 3 jours)
* Les steaks de pois chiches (se conservent 5 jours)

Placez au congélateur :

* Le cake courgettes-jambon, directement dans son moule

Résultat

Menu #4

Menu #4

Lundi

Entrée

Gaspacho de courgettes

Plat

Quiche au thon et à la tomate

Temps de réchauffage :
10 min

Ingrédients : le gaspacho, la quiche, quelques feuilles de laitue

Servez le gaspacho bien frais. Faites réchauffer la quiche pendant 10 min au four préchauffé à 180 °C (th. 6) et servez accompagné de feuilles de laitue.

Mardi

Riz sauté aux crevettes et à l'ananas

Temps de cuisson et réchauffage :
10 min
Temps de préparation :
1 min

Ingrédients : les demi-ananas, le riz sauté, les crevettes surgelées, le reste d'oignons frais émincés, huile d'olive

Faites chauffer 1 cuil. à soupe d'huile d'olive dans une poêle ou une sauteuse. Faites cuire les crevettes 2 min de chaque côté avec un peu de sel. Ajoutez le riz sauté pour le faire réchauffer pendant 5 min environ. Présentez dans les demi-ananas. Saupoudrez d'oignons frais.

Pour le mercredi, sortez le cake courgettes-jambon du congélateur et mettez-le au réfrigérateur afin qu'il décongèle.

Mercredi

Entrée

Tzatzíki

Plat

Cake courgettes-jambon*

Temps de réchauffage :
15 min
Temps de préparation :
5 min

Ingrédients : le cake, le yaourt grec, ⅔ du concombre râpé, le reste de menthe ciselée, 1 gousse d'ail, le jus d'un demi-citron, sel et poivre

Dans un grand bol de présentation, versez les ⅔ du concombre râpé. Ajoutez le yaourt grec, la menthe, la gousse d'ail hachée très finement (au presse-ail), le jus du demi-citron, salez et poivrez. Mélangez. Conservez 4 cuil. à soupe de ce tzatzíki dans un bol au réfrigérateur : cela servira de sauce pour les burgers de demain. Conservez le demi-citron au réfrigérateur dans un film alimentaire.

Réchauffez le cake au four préchauffé à 180 °C (th. 6). Démoulez et servez.

Jeudi

Burgers de pois chiches

Temps de réchauffage : 5 min
Temps de préparation : 10 min

Ingrédients : les pains à burgers, le ketchup, le restant de tzatzíki, les steaks de pois chiches, 1 tomate, 4 feuilles de laitue

Faites griller les pains à burgers au grille-pain ou au four. Faites réchauffer les steaks de pois chiches à la poêle. Coupez la tomate en rondelles. Coupez les feuilles de laitue en lanières. Sur chaque burger, étalez un peu de ketchup, puis placez des lanières de laitue, le steak de pois chiches, 1 cuil. à soupe de tzatzíki et 1 ou 2 rondelles de tomates. Recouvrez du chapeau et dégustez !

Vendredi

Salade de farfalles au saumon fumé

Temps de cuisson : 15 min
Temps de préparation : 10 min

Ingrédients : 200 g de farfalles, 1 tomate, le restant de concombre râpé, le restant de laitue, les 3 avocats, le filet de saumon fumé, 1 boîte de maïs, une boîte de cœurs d'artichauts, 3 cuil. à soupe d'huile d'olive, le demi-citron restant, sel et poivre

Faites cuire les pâtes selon les indications du paquet. Pendant ce temps, coupez les avocats, la tomate et le cœur de saumon en dés. Coupez les cœurs d'artichauts en deux ou en quatre. Coupez les feuilles de laitue en lanières. Égouttez les pâtes et passez-les sous l'eau froide. Dans un saladier, émulsionnez l'huile d'olive avec le jus de citron, un peu de sel et de poivre. Versez tous les ingrédients et mélangez.

Automne

Menu #1

Panier

Menu #1

Menu #1

Légumes / Fruits

- 1 grosse courge butternut (1,5 à 2 kg) ou autre courge
- 6 carottes
- 1 branche de céleri
- 1,5 kg de pommes de terre charlotte
- 1 gros sachet de mâche (DLC > 3 ou 4 jours)
- 1 gros sachet d'épinards ou de pousses d'épinards prélavés (300 g env.)
- 1 botte de persil plat
- 1 botte de coriandre
- 2 gousses d'ail
- 5 oignons jaunes
- 1 petit citron jaune
- 1 citron vert
- 1 morceau de gingembre (3 cm environ)
- 1 botte d'oignons frais (ou cébettes)
- 1 petit concombre
- 1 petite pomme granny smith ou golden selon vos goûts (bio de préférence)

Placard de base

- 2 feuilles de laurier
- Vinaigre balsamique
- Huile d'olive
- Sel, poivre

Viande / Poisson

- 150 g de lardons fumés ou alors 2 blocs de tofu fumé (200 g)
- 3 joues de bœuf (pour gagner du temps : découpées en petits morceaux par le boucher) ou sinon autre viande de bœuf à mijoter (paleron par exemple)
- 1 barquette de carpaccio de bœuf (environ 200 g) DLC = 6 j après l'achat

Crèmerie

- 50 cl de crème liquide
- 1 petit sachet de parmesan râpé

Épicerie

- 1 petite boîte de conserve de pois chiches
- Tahin (crème de sésame) ou huile de sésame
- Cumin
- 4 pains pita
- 100 g de noix de cajou non salées
- Riz thaï (250 g)
- 1 petit bocal ou 1 sachet sous vide de châtaignes
- 2 boîtes de tomates concassées (environ 800 g)
- 1 verre de vin rouge
- 2 petits piments langue d'oiseau (ou alors piment en poudre)
- 1 paquet de pâtes courtes
- 1 paquet de nouilles ou vermicelles de riz
- Chapelure
- 2 cubes de bouillon de bœuf
- 2 étoiles de badiane
- 1 petit bocal de sauce nuoc-mâm

Lundi

Pâtes à la sauce joue de bœuf

Mardi

Entrée
Houmous
(avec crudités à tremper et pain pita)

Plat
Soupe butternut-châtaignes et lardons
(ou tofu fumé)

Mercredi

Entrée
Salade de mâche, pomme verte et noix de cajou

Plat
Hachis Parmentier

Jeudi

Riz sauté à la courge butternut et aux épinards, noix de cajou grillées

Vendredi

Phô vietnamien

Préparation

Au préalable

1) Si vous avez suffisamment de place, sortez les ingrédients dont vous allez avoir besoin pendant cette session de cuisine : tous, sauf la mâche, le citron vert, la pomme, les lardons, le carpaccio, les pains pita, les pâtes, les nouilles de riz, la sauce nuoc-mâm et le vinaigre. Cela permet d'avoir tout sous la main et de ne pas perdre de temps à chercher les ingrédients dans les placards et le réfrigérateur.
2) Sortez les ustensiles nécessaires :
   - 1 cocotte, si possible pouvant aller au four
   - 1 grand plat à gratin
   - 1 grand faitout (ou 1 très grande casserole) pour la cuisson des pommes de terre
   - 1 grande casserole
   - 1 sauteuse ou 1 grande poêle
   - 1 mixeur plongeant
   - 1 blender ou robot mixeur (pour mixer les pois chiches pour le houmous)
   - 1 essoreuse à salade (à défaut un grand saladier d'eau + 1 torchon propre)
   - 1 presse-purée
   - 1 grand récipient en verre (pour conserver les bâtonnets de crudités)
   - 1 bocal en verre de 1,5 l de contenance (pour conserver le bouillon du phô)
   - 3 récipients : 2 grands + 1 moyen
   - 1 grand bol pour le houmous
   - Essuie-tout (ou 1 torchon fin, propre et sec)
   - Film alimentaire

C'est parti pour 2 h de cuisine !

1 Préchauffez le four à 180 °C (th. 6).

2 Pelez et émincez les 5 oignons jaunes. Réservez $\frac{1}{3}$ de ces oignons émincés dans un récipient. Pelez les 6 carottes. Coupez-en 3 en petits dés et les 3 autres en bâtonnets. Pelez le concombre et coupez-le en bâtonnets. Placez tous les bâtonnets de crudités dans un bocal hermétique au réfrigérateur : ils serviront à la dégustation du houmous. Coupez la branche de céleri en petits dés.

3 Dans la cocotte, faites chauffer 4 cuil. à soupe d'huile d'olive. Ajoutez les $\frac{2}{3}$ des oignons émincés, les carottes en petits dés et la branche de céleri. Salez et laissez dorer 5 min à feu moyen. Ajoutez les dés de joue de bœuf et faites colorer de tous les côtés. Versez le verre de vin rouge et laissez

évaporer un peu. Ajoutez 1 piment oiseau émincé (ou ¼ de cuil. à café en poudre), les 2 feuilles de laurier et salez. Mélangez puis versez les 2 boîtes de tomates concassées. Couvrez la cocotte et transférez-la dans le bas du four. (Remarque : si votre cocotte ne va pas au four, poursuivez la cuisson sur le feu.) Laissez mijoter pendant toute la durée de la session de cuisine en vérifiant de temps en temps que la viande soit toujours bien immergée dans la sauce.

4 Pelez les pommes de terre et faites-les cuire dans le grand faitout (20 min environ, jusqu'à ce que la pointe d'un couteau s'enfonce facilement).

5 Rincez le riz et faites-le cuire dans la grande casserole. Il devra être encore un peu ferme.

6 Pendant ce temps, déposez les noix de cajou sur une plaque de four et faites-les torréfier 5 min dans le haut du four, en mélangeant à mi-cuisson. Une fois refroidies, conservez dans un bocal.

7 Pelez les deux gousses d'ail et hachez-les finement. Réservez.

8 Égouttez le riz et laissez-le refroidir. Lavez la casserole et remplissez-la à nouveau d'eau pour la cuisson de la soupe.

9 Pelez la courge butternut, coupez-la en deux et épépinez-la. Coupez-la en petits dés. Réservez ¼ pour le riz sauté et versez le reste dans la casserole et laissez cuire 20 min.

10 Préparez les herbes aromatiques : enlevez les élastiques et plongez les bottes dans l'essoreuse à

Préparation

salade remplie d'eau (à défaut, un grand saladier). Videz l'eau et essorez très soigneusement. Les herbes doivent être le plus sèches possible pour bien se conserver. Placez-les dans un récipient hermétique entre 2 feuilles de papier essuie-tout (ou torchon fin).

11 Coupez les extrémités des oignons frais, enlevez la première couche et émincez-les. Conservez dans un petit bocal en verre.

12 Égouttez les pommes de terre et écrasez-les en purée avec 25 cl de crème liquide, la moitié du parmesan râpé et un peu d'ail haché. Réservez.

13 Jetez la quasi-totalité de l'eau de cuisson du butternut puis mixez avec le reste de crème liquide, les châtaignes, du sel et du poivre. Lavez le mixeur plongeant.

14 Préparez le bouillon du phô vietnamien : faites bouillir 1,5 l d'eau avec les 2 cubes de bouillon, les 2 étoiles de badiane, le gingembre pelé et détaillé en lamelles, et un petit piment. Retirez le piment et laissez refroidir.

15 Dans la sauteuse (ou une grande poêle), faites revenir le reste des oignons émincés ainsi que la moitié de l'ail haché dans un peu d'huile d'olive. Ajoutez le reste de cubes de butternut. Lorsqu'ils commencent à colorer, ajoutez une louche du bouillon du phô. Couvrez et laissez cuire 10 min à feu doux. Ajoutez les épinards pour les faire « tomber » puis versez le riz cuit et éteignez immédiatement. Laissez refroidir.

16 Réalisez le houmous : dans le blender, mixez les pois chiches égouttés avec le jus du citron jaune, 1 cuil. à soupe de tahin (facultatif), 1 cuil. à café de cumin, le reste d'ail haché, 2 cuil. à soupe d'huile d'olive (ou de sésame si vous n'avez pas de tahin), du sel et du poivre. Versez dans un grand bol.

17 Sortez la cocotte du four et prélevez la moitié de la viande avec sa sauce. Déposez-la au fond du plat à gratin et mixez grossièrement à l'aide du mixeur plongeant. Remettez la cocotte au four jusqu'à la fin de la session cuisine. Recouvrez la viande hachée avec la purée de pommes de terre. Parsemez de chapelure. Enfournez dans le haut du four pendant une dizaine de minutes. (Le hachis finira de cuire lors du réchauffage.)

Tout est prêt ! Laissez refroidir.

Placez au réfrigérateur :

- La cocotte de joue de bœuf (se conserve 2 jours)
- La soupe butternut-châtaigne si vous la consommez dans les 2 jours
- Le houmous (se conserve jusqu'à 5 jours)
- Les bâtonnets de crudités (se conservent jusqu'à 5 jours)
- Les herbes aromatiques (se conservent 1 semaine)

Placez au congélateur :

- La soupe butternut-châtaigne si vous la consommez plus de 2 jours après la préparation
- Le bouillon du phô dans un bocal en verre (faites attention à laisser un peu d'air dans le haut du bocal)
- Le riz sauté
- Le hachis Parmentier, directement dans son plat, recouvert d'un film alimentaire
- Les oignons frais émincés

Résultat

Menu #1

Menu #1

Lundi

Pâtes à la sauce joue de bœuf

Temps de réchauffage :
15 min
Temps de cuisson :
15 min
Temps de préparation :
2 min

Ingrédients : la sauce à la joue de bœuf, 400 g de pâtes courtes, le reste de parmesan râpé, 4 brins de persil plat, sel et poivre

Réchauffez la sauce à la joue de bœuf. En même temps, faites cuire les pâtes selon les indications du paquet. Servez les pâtes et recouvrez-les de la sauce à la joue de bœuf. Saupoudrez de parmesan et ciselez quelques feuilles de persil plat. Salez et poivrez.

Pour le mardi, si vous avez congelé la soupe butternut-châtaignes, sortez-la du congélateur et placez-la au réfrigérateur afin qu'elle décongèle.

Mardi

Entrée
Houmous

Plat
Soupe butternut-châtaignes et lardons
(ou tofu fumé)

Temps de réchauffage :
10 min
Temps de cuisson :
5 min
Temps de préparation :
5 min

Ingrédients : le houmous, les bâtonnets de carottes et de concombre, le pain pita, la soupe butternut-châtaignes, les lardons (ou le tofu fumé), 2 brins de coriandre, sel et poivre

Ciselez la coriandre au-dessus du houmous. Réchauffez les pains pita au grille-pain.

Réchauffez la soupe. Dans une poêle, faites dorer les lardons (ou le tofu fumé dans un peu d'huile d'olive). Répartissez-les dans les bols de soupe.

Pour le mercredi, sortez le hachis Parmentier du congélateur et mettez-le au réfrigérateur afin qu'il décongèle.

Mercredi

Temps de réchauffage : 15 min
Temps de préparation : 5 min

Entrée
Salade de mâche, pomme verte et noix de cajou

Plat
Hachis Parmentier

Ingrédients : le hachis Parmentier ; le sachet de mâche, la pomme, la moitié des noix de cajou grillées, 4 brins de persil ou de coriandre (ou un mélange des deux), 3 cuil. à soupe d'huile d'olive, 3 cuil. à café de vinaigre balsamique, sel et poivre

Lavez la pomme et coupez-la en bâtonnets. Dans le fond d'un saladier, émulsionnez l'huile d'olive avec le vinaigre balsamique, le sel et le poivre. Ajoutez la mâche, les bâtonnets de pomme et les herbes aromatiques puis mélangez. Parsemez de noix de cajou grillées.
Faites réchauffer le hachis Parmentier au four préchauffé à 180 °C (th. 6).
Pour le jeudi, sortez le riz sauté du congélateur et mettez-le au réfrigérateur afin qu'il décongèle.

Jeudi

Riz sauté à la courge butternut et aux épinards, noix de cajou

Temps de réchauffage : 10 min
Temps de préparation : 1 min

Ingrédients : le riz sauté, 60 g de noix de cajou grillées, 4 brins de coriandre

Faites réchauffer le riz sauté puis parsemez-le de noix de cajou grillées et de coriandre ciselée.
Pour le vendredi, sortez le bouillon du phô et les oignons émincés du congélateur et mettez-les au réfrigérateur afin qu'ils décongèlent.

Vendredi

Temps de cuisson : 5 min
Temps de préparation : 5 min

Phô vietnamien

Ingrédients : le bouillon préparé à l'avance et décongelé, les oignons frais émincés décongelés, 200 g de nouilles de riz, le carpaccio de bœuf, 1 citron vert, ½ bouquet de coriandre, 4 cuil. à soupe de sauce nuoc-mâm

Dans une casserole, portez à ébullition le bouillon puis stoppez la cuisson et plongez dedans les nouilles de riz le temps indiqué sur le paquet. Pendant ce temps, détaillez le carpaccio en lamelles. Déposez-les dans le bouillon, ajoutez le jus du citron vert, la sauce nuoc-mâm, les oignons et la coriandre ciselée.

Menu #2

Panier Menu #2

Menu #2

Légumes / Fruits

* 3 patates douces moyennes
* 1 kg de pommes de terre charlotte
* 1 gros chou-fleur
* 1 petit sachet de roquette (DLC > 4 ou 5 jours après l'achat)
* 1 sachet de chou blanc râpé ou mélange chou-carotte (DLC > 4 ou 5 jours)
* 1 petite barquette de tomates cerise
* 1 botte de persil plat
* 1 botte de ciboulette
* 8 gousses d'ail
* 2 oignons jaunes
* 1 petit citron jaune bio
* 1 morceau de gingembre (5 cm env.)
* 500 g de petits champignons de Paris

Placard de base

* Curry en poudre
* Noix muscade
* Herbes de Provence
* Moutarde
* Huile d'olive
* Sel, poivre

Viande / Poisson

* 1 barquette de crevettes cuites décortiquées (environ 12 pièces) DLC > 1 ou 2 jours
* 400 g de blancs de poulet
* 4 tranches de jambon (ou blanc de dinde)
* 400 g de dos de cabillaud (frais ou surgelé)

Crèmerie

* 50 cl de crème liquide
* 1 pot de crème fraîche entière (50 cl)
* 1 l de lait entier
* 6 œufs
* 1 pot de mini-billes de mozzarella (environ 125 g net)
* 30 g de beurre
* 1 petit sachet de parmesan
* 1 pot de copeaux de parmesan (ou alors 1 petite pointe de parmesan pour faire des copeaux)

Épicerie

* Riz basmati blanc ou semi-complet (200 g)
* 1 paquet de linguines ou spaghettis
* 1 sachet de polenta instantanée (250 g)
* 1 boîte de tomates concassées (400 g env.)
* 1 petit bocal de sauce tomate
* 1 boîte de lait de coco (40 ou 50 cl)
* 50 g de cerneaux de noix

Lundi

Entrée
Velouté de chou-fleur aux crevettes sautées

Plat
Pizza-polenta aux champignons

Mardi

Curry de patates douces au poulet

Mercredi

Gratin de chou-fleur et de pommes de terre au jambon*

Jeudi

Entrée
Salade de chou blanc, œufs durs et tomates cerise, sauce crémeuse

Plat
Linguines** à la crème d'ail, roquette, noix et copeaux de parmesan

Vendredi

Parmentier de cabillaud à la patate douce***

*Pour un menu sans porc, remplacez le jambon par des tranches de blanc de dinde.
**Pour un menu sans gluten, choisissez des pâtes sans gluten.
***Si vous n'aimez vraiment pas les patates douces, remplacez-les par des carottes pour moitié (pour le curry) et pour moitié par des pommes de terre (pour le Parmentier de cabillaud) en suivant exactement les mêmes instructions de préparation.

Préparation

Menu

Au préalable

1) Si vous avez suffisamment de place, sortez les ingrédients dont vous allez avoir besoin pendant cette session de cuisine : tous sauf la roquette, le chou blanc râpé, les tomates cerise, les crevettes, les copeaux de parmesan, le riz et les pâtes. Cela permet d'avoir tout sous la main et de ne pas perdre de temps à chercher les ingrédients dans les placards et le réfrigérateur.
2) Sortez les ustensiles nécessaires :
   - 2 petits plats à gratin
   - 1 poêle
   - 1 grand faitout (ou 1 très grande casserole) pour la cuisson du chou-fleur
   - 1 grand cuit-vapeur ou 1 marmite avec panier-vapeur
   - 1 petite casserole
   - 1 sauteuse
   - 1 zesteur ou 1 petite râpe (pour le citron)
   - 1 mixeur plongeant
   - 1 essoreuse à salade (à défaut un grand saladier d'eau + 1 torchon propre)
   - 1 presse-purée
   - 1 bocal en verre (pour conserver la crème d'ail)
   - 1 bocal en verre de 1,5 l de contenance (pour conserver le velouté de chou-fleur)
   - 5 récipients : 2 grands + 3 petits
   - Essuie-tout (ou 1 torchon fin, propre et sec)
   - Papier sulfurisé, film alimentaire

C'est parti pour 2 h 10 de cuisine !

1 Faites chauffer un grand faitout ou une très grande casserole d'eau salée. Lavez et coupez le chou-fleur en fleurettes. Versez dans l'eau frémissante et laissez cuire 15 min.

2 Pelez les patates douces et les pommes de terre. Coupez les patates douces en gros cubes et pommes de terre en rondelles fines. Placez-les ensemble dans le cuit-vapeur : les cubes de patates douces en bas et les rondelles de pommes de terre au-dessus. Laissez cuire 15 min environ, ils doivent être encore légèrement fermes.

3 Préchauffez le four à 200 °C (th. 6-7). Égouttez le chou-fleur. Prélevez-en la moitié. Mixez avec 20 cl de crème liquide. Ajoutez un peu d'eau (environ 2 verres)

pour obtenir la consistance voulue. Salez, poivrez. Réservez dans un bocal. Mixez grossièrement la deuxième moitié du chou-fleur. Mélangez avec 3 cuil. à soupe de crème fraîche, un peu de noix muscade, salez et poivrez. Coupez les tranches de jambon en carrés et ajoutez-les au mélange.

4 À ce stade, les rondelles pommes de terre devraient être cuites. Prélevez-en la moitié et disposez-les dans le fond d'un petit plat à gratin. Versez par-dessus le mélange de chou-fleur et de jambon. Recouvrez d'un quart du paquet de parmesan râpé et enfournez pour 20 min.

5 Placez les dos de cabillaud dans un 2e petit plat à gratin. Salez et faites précuire pendant 3 min (5 min s'il est surgelé) au micro-ondes (ou au four en doublant le temps).

6 Pendant ce temps, lavez les herbes fraîches (ciboulette et persil) en les trempant dans un grand volume d'eau froide, puis en les essorant soigneusement dans un torchon propre ou dans une essoreuse à salade. Ciselez finement ¾ de la ciboulette dans un bol. Placez le persil et le reste de ciboulette dans un récipient hermétique entre 2 feuilles de papier essuie-tout.

7 Videz l'eau de cuisson du cabillaud et émiettez-le dans le fond du plat à gratin. Versez 3 cuil. à soupe de crème fraîche, la ciboulette ciselée, râpez le zeste du citron, poivrez et mélangez.

8 Mettez les 6 œufs à cuire dans une petite casserole (8 min à partir de l'ébullition.)

9 Dans un saladier, écrasez le restant des pommes de terre cuites avec la moitié des patates douces.

Ajoutez le restant de crème fraîche, salez, poivrez et mélangez. Répartissez cette purée sur le cabillaud. Enfournez pour 15 min.

10 À ce stade, les œufs devraient être cuits. Passez-les sous l'eau froide puis conservez-les jusqu'à 5 jours au réfrigérateur.

11 Préparez la polenta : dans une grande casserole, versez le lait entier et ½ cuil. à café de sel. Portez à frémissement puis versez la polenta en pluie. Baissez le feu et laissez cuire 1 min sans cesser de fouetter. Ajoutez les 30 g de beurre et le reste du paquet de parmesan. Mélangez et laissez tiédir.

12 Pendant ce temps, pelez et hachez les 8 gousses d'ail ainsi que les 2 oignons. Coupez les pieds des champignons, lavez-les et séchez soigneusement. Coupez-les en 2 ou 4 selon la taille.

13 Dans une poêle, faites chauffer 2 cuil. à soupe d'huile d'olive puis ajoutez l'équivalent de 2 gousses d'ail hachées avec les champignons et ½ cuil. à café de sel. Laissez cuire 5 min à feu moyen, jusqu'à ce que les champignons ne rendent plus d'eau. En fin de cuisson, ciselez ½ botte de persil au-dessus des champignons.

14 Pendant ce temps, placez une feuille de papier sulfurisé sur une plaque de four et aplatissez la polenta pour former un ovale de 1,5 cm d'épaisseur. Étalez la sauce tomate en laissant 2 cm de libre sur les bords, répartissez les billes de mozzarella, les champignons au persil et saupoudrez de 1 cuil. à soupe d'herbes de Provence. Enfournez pour 5 min.

15 Dans une sauteuse, faites chauffer 2 cuil. à soupe d'huile d'olive puis versez ¼ du reste d'ail haché, les oignons hachés, du sel et 1 cuil. à soupe de curry.

et émulsionnez en versant petit à petit le restant de crème liquide.

18 Versez le restant des patates douces dans le curry de poulet.

Laissez dorer 5 min. Pelez et hachez le gingembre. Versez-en les ¾ dans la sauteuse. Réservez le restant avec ¼ du reste d'ail dans un petit récipient fermé au réfrigérateur. Coupez les blancs de poulet en dés et ajoutez-les dans la sauteuse pour les colorer. Versez les tomates concassées puis le lait de coco. Laissez mijoter 15 min.

16 Pendant ce temps, faites torréfier les noix dans le four éteint mais encore chaud pendant 5 min. Dans une petite poêle, faites chauffer 2 cuil. à soupe d'huile d'olive, versez le restant d'ail haché avec ½ cuil. à café de sel. Faites dorer 2 min puis ajoutez 20 cl de crème liquide. Laissez épaissir 2 min puis débarrassez dans un bocal.

17 Préparez la sauce crémeuse pour la salade de chou : dans un petit bocal, versez 1 cuil. à café de moutarde, ½ cuil. à café de sel, le jus du citron zesté

Tout est prêt ! Laissez refroidir.

Placez au réfrigérateur :

* Le velouté de chou-fleur (se conserve 2 jours)
* La pizza-polenta aux champignons, idéalement sur sa plaque de cuisson, recouverte d'un papier aluminium (se conserve 2 jours)
* Le curry de patates douces au poulet (se conserve 2 jours)
* Les œufs durs (se conservent jusqu'à 5 jours)
* La sauce crémeuse
* Le reste de persil et de ciboulette
* Le mélange ail et gingembre haché

Placez au congélateur :

* Le curry de patates douces au poulet si vous le consommez plus de 2 jours après la confection
* Le gratin de chou-fleur au jambon, directement dans son plat à gratin, recouvert de film alimentaire
* La crème d'ail
* Le parmentier de cabillaud à la patate douce, directement dans son plat à gratin, recouvert de film alimentaire

Résultat
Menu #2

Menu #2

Lundi

Entrée

Velouté de chou-fleur aux crevettes sautées

Plat

Pizza-polenta aux champignons

Temps de réchauffage :
10 min
Temps de cuisson :
2 min
Temps de préparation :
2 min

Ingrédients : le velouté de chou-fleur, les crevettes décortiquées, le mélange ail et gingembre hachés, 3 brins de persil, 1 cuil. à soupe d'huile d'olive, la pizza polenta, sel et poivre

Réchauffez la pizza-polenta au four préchauffé à 160 °C (th. 5-6).

Réchauffez le velouté de chou-fleur dans une casserole en remuant bien.

Dans une petite poêle, faites chauffer l'huile d'olive. Ajoutez l'ail et le gingembre hachés, ciselez le persil et versez les crevettes pour les faire dorer pendant 1 à 2 min. Disposez sur chaque bol de velouté de chou-fleur.

Pour le mardi, si vous avez congelé le curry de patates douces au poulet, sortez-le du congélateur et mettez-le au réfrigérateur afin qu'il décongèle.

Mardi

Curry de patates douces au poulet

Temps de réchauffage :
15 min
Temps de cuisson :
10 min
Temps de préparation :
3 min

Ingrédients : le curry de patates douces au poulet, 200 g de riz basmati blanc ou semi-complet, le reste de ciboulette, sel et poivre

Réchauffez le curry. Rincez abondamment le riz et faites-le cuire selon les indications du paquet. Servez dans les assiettes et parsemez de ciboulette ciselée.

Pour le mercredi, sortez le gratin de chou-fleur du congélateur et mettez-le au réfrigérateur afin qu'il décongèle.

Temps de réchauffage :
15 min

Mercredi

Gratin de chou-fleur et de pommes de terre au jambon

Ingrédients : le gratin de chou-fleur

Réchauffez le gratin au four préchauffé à 150 °C et servez !

Pour le jeudi, sortez la crème d'ail du congélateur et mettez-la au réfrigérateur afin qu'elle décongèle.

Jeudi

Entrée

Salade de chou blanc, œufs durs et tomates cerise, sauce crémeuse

Plat

Linguines à la crème d'ail, roquette, noix et parmesan

Temps de réchauffage :
5 min
Temps de cuisson :
15 min
Temps de préparation :
10 min

Ingrédients : le chou blanc râpé, la barquette de tomates cerise, les œufs durs, le reste de persil, la sauce crémeuse ; 400 g de linguines (ou spaghettis), la crème d'ail décongelée, le paquet de roquette, les noix torréfiées, les copeaux de parmesan, huile d'olive, sel et poivre

Faites cuire les pâtes selon les indications du paquet. Faites réchauffer la crème d'ail.

Pendant ce temps, écalez les œufs durs et coupez-les en 4. Coupez les tomates cerise en 4. Disposez le chou blanc dans le fond d'un grand plat de service, recouvrez des œufs durs et des tomates cerise, ciselez le persil et versez la sauce crémeuse.

Servez les pâtes avec la crème d'ail, recouvrez de roquette, parsemez de noix, de copeaux de parmesan, poivrez et versez un filet d'huile d'olive.

Pour le vendredi, sortez le parmentier de cabillaud du congélateur et mettez-le au réfrigérateur afin qu'il décongèle.

Temps de réchauffage :
15 min

Vendredi

Parmentier de cabillaud à la patate douce

Ingrédients : le parmentier de cabillaud

Réchauffez le parmentier au four préchauffé à 160 °C (th. 5-6) et servez !

Menu #3

Panier
Menu #3

Menu #3

Légumes / Fruits

* 1 endive
* 6 pommes de terre charlotte
* 1 kg d'épinards hachés surgelés
* 2 petits coings
* 1,2 kg de navets (classiques ou boule d'or)
* 4 carottes
* 2 poireaux
* 1 botte de coriandre
* 1 botte de ciboulette
* 5 gousses d'ail
* 5 oignons jaunes
* 2 oignons rouges
* 1 petit citron jaune bio

Placard de base

* 80 g de farine
* Fécule de pommes de terre ou de maïs
* Noix muscade
* Huile d'olive
* Sel, poivre

Viande / Poisson

* 1 kg d'épaule d'agneau désossée et coupée en petits morceaux (rayon boucherie à la coupe)
* 2 pavés de saumon (frais ou surgelés)
* 4 tranches de saumon fumé
* 150 g de lardons (ou alors 200 g de tofu fumé)

Crèmerie

* 1 l de lait entier
* 300 g de fromage frais type St Môret®
* 1 bûche de chèvre (120 à 180 g)
* 1 pâte brisée
* 1 paquet de lasagnes fraîches
* 125 g de beurre
* 25 cl de crème liquide

Épicerie

* 1 boîte de thon
* 1 petite boîte de pois chiches
* 200 g de semoule de blé (pour couscous)
* 6 cuil. à soupe de miel
* Cumin en poudre
* Cannelle (ou quatre-épices)
* *Ras-el-hanout*

Lundi

Entrée
Barquettes d'endives aux rillettes de thon

Plat
Tarte Tatin de navets au miel et au fromage de chèvre

Mardi

Tajine d'agneau aux coings

Mercredi

Entrée
Velouté d'épinards au fromage frais

Plat
Gratin de pommes de terre, poireaux, oignons et lardons*

Jeudi

Keftas d'agneau, poêlée de carottes, navets et pois chiches au cumin

Vendredi

Lasagnes saumon-épinards

*Pour un menu sans porc, remplacez les lardons par du tofu fumé.

Préparation
Menu #3

Au préalable

1) Si vous avez suffisamment de place, sortez les ingrédients dont vous allez avoir besoin pendant cette session de cuisine : tous, sauf l'endive et la semoule. Cela permet d'avoir tout sous la main et de ne pas perdre de temps à chercher les ingrédients dans les placards et le réfrigérateur.
2) Sortez les ustensiles nécessaires :
   * 2 grands plats à gratin
   * 1 grande sauteuse
   * 1 grande casserole
   * 1 cocotte
   * 1 moule à tarte
   * 1 zesteur ou 1 petite râpe (pour le citron)
   * 1 mixeur avec bol (pour mixer la viande d'agneau des boulettes)
   * 1 mixeur plongeant
   * 1 grand saladier
   * 1 grand bol pour les rillettes de thon
   * 1 bocal en verre de 1,5 l de contenance (pour conserver le velouté d'épinards)
   * 2 récipients : 1 grand + 1 petit
   * Papier sulfurisé, film alimentaire, aluminium, essuie-tout

C'est parti pour 2 h de cuisine !

1 Pelez et émincez grossièrement tous les oignons et toutes les gousses d'ail. Réservez dans des bols.

2 Dans une cocotte, faites fondre 20 g de beurre avec 1 cuil. à soupe d'huile d'olive. Ajoutez la moitié des oignons jaunes émincés, la moitié des gousses d'ail, ½ cuil. à café de cumin, ½ cuil. à café de cannelle (ou quatre-épices) et 1 cuil. à café de sel. Laissez fondre pendant 2 min. Ajoutez les morceaux d'agneau et 3 cuil. à soupe de miel, mélangez et ajoutez 20 cl d'eau. Portez à ébullition, puis baissez le feu au minimum et laissez mijoter à couvert pendant 1 h.

3 Pendant ce temps, pelez les pommes de terre, les navets, les carottes et les coings. Lavez les poireaux et émincez-les. Coupez 3 pommes de terre en rondelles et 2 en gros dés.

4 Dans une grande sauteuse, faites chauffer 2 cuil. à soupe d'huile d'olive, puis versez le reste d'oignons jaunes, les poireaux émincés, les rondelles de pommes de terre et 1 cuil. à café de sel. Laissez cuire 30 min à couvert en remuant de temps en temps.

5 Préparez une béchamel (elle servira pour 2 recettes) : dans une grande casserole, faites fondre doucement 80 g de beurre. Ajoutez 80 g de farine. Mélangez avec une cuillère en bois jusqu'à ce que le beurre incorpore la farine pour former une sorte de pâte. Versez tout le lait froid en une seule fois. Laissez cuire à feu moyen sans cesser de mélanger jusqu'à ce que la texture épaississe (environ 10 min). Hors du feu, assaisonnez avec 1 cuil. à café de sel, du poivre et de la noix muscade râpée. Réservez la béchamel dans un grand récipient.

6 Préchauffez le four à 180 °C (th. 6). Lavez la grande casserole, remplissez-la d'eau à moitié, salez et portez à ébullition. Pendant ce temps, coupez les coings en quartiers. Enlevez le cœur fibreux et les pépins, comme pour une pomme.

7 Une fois que l'eau bout, ajoutez les navets entiers et laissez-les cuire 15 min. Coupez les coings en gros morceaux et réservez.

8 Versez la poêlée de poireaux, oignons et pommes de terre dans un grand plat à gratin. Dans la même sauteuse, sans la rincer, faites dorer les lardons (ou le tofu fumé en dés) pendant 2 min à feu vif. Versez dans le plat à gratin, ajoutez la crème liquide et mélangez bien les ingrédients. Recouvrez d'un tiers de la béchamel préparée. Enfournez pour 30 min.

Préparation

Menu #3

9 Égouttez les navets et passez-les sous l'eau froide. Coupez-les en quartiers. Ajoutez les coings en morceaux dans la cocotte avec l'agneau et prolongez la cuisson 20 min.

10 Lavez la grande sauteuse. Faites-y fondre 25 g de beurre avec 1 cuil. à soupe d'huile d'olive. Ajoutez 3 cuil. à soupe de miel et les $\frac{3}{4}$ des navets. Laissez cuire à couvert 15 min en retournant à mi-cuisson. Poursuivez la cuisson 10 min sans couvercle, jusqu'à ce que le jus s'évapore et que les navets caramélisent bien.

11 Pendant que les navets cuisent, versez les épinards hachés dans un grand saladier et faites-les décongeler au micro-ondes. Pendant ce temps, faites chauffer 35 cl d'eau salée dans une casserole. Versez les pommes de terre coupées en dés et laissez cuire 10 min. Ajoutez $\frac{1}{3}$ des épinards décongelés et laissez cuire 5 min. Salez le restant d'épinards hachés. Prélevez le zeste du citron puis pressez son jus. Réservez à part.

12 Dans le fond d'un moule à tarte, déposez un cercle de papier sulfurisé découpé au même diamètre. Disposez les navets caramélisés en cercle bien serrés et émiettez par-dessus la bûche de chèvre. Recouvrez avec la pâte brisée en repliant les bords sur les côtés. Faites quelques petits trous dans la pâte avec un couteau pour permettre à la vapeur de s'échapper pendant la cuisson. Enfournez pour 25 min.

13 Dans un 2e grand plat à gratin, déposez une fine couche de béchamel. Couvrez d'une rangée de feuilles de lasagnes. Recouvrez d'un tiers des épinards restants puis de morceaux de saumon, d'une tranche de saumon

fumé émiettée, de jus de citron et terminez par un peu de béchamel. Renouvelez l'opération jusqu'à épuisement de ces ingrédients. Enfournez pendant 30 min, en-dessous de la tarte Tatin.

14 Dans la même sauteuse ayant servi pour les navets, sans besoin de la laver, versez 2 cuil. à soupe d'huile d'olive et la moitié des oignons rouges émincés. Ajoutez un peu de sel et laissez dorer. Pendant ce temps, coupez les carottes en rondelles. Ajoutez-les dans la poêle avec les navets restants et ½ cuil. à café de cumin. Laissez cuire 20 min. En fin de cuisson, versez les pois chiches égouttés et mélangez.

15 Dans la casserole d'épinards et de pommes de terre, versez les deux tiers du fromage frais et 2 petits morceaux d'ail. Mixez longuement.

16 Retirez de la cocotte l'agneau, les coings et les oignons. Portez le jus à ébullition afin qu'il réduise. Pendant ce temps, réalisez les keftas d'agneau : prélevez la moitié de la viande d'agneau. Placez-la dans un hachoir, avec le restant d'ail haché et d'oignons rouges émincés, ¼ de la botte de coriandre, 1 cuil. à café de sel, du poivre, ½ cuil. à café de *ras-el-hanout* et 1 cuil. à soupe de fécule. Mixez puis réalisez des boulettes entre vos mains. Faites chauffer une poêle huilée et faites cuire les boulettes 10 min en mélangeant souvent. Remettez le reste d'agneau aux coings dans la cocotte avec son jus réduit. Ciselez un peu de coriandre.

17 Réalisez les rillettes de thon en mélangeant dans un bol le restant de fromage frais avec la boîte de thon égouttée, la botte de ciboulette ciselée et le zeste de citron.

Tout est prêt ! Laissez refroidir.

Placez au réfrigérateur :

- Les rillettes de thon
- La tarte Tatin, dans son moule, recouverte de papier d'aluminium
- Le tajine d'agneau, dans sa cocotte (se conserve 2 jours)
- Le reste de coriandre, enroulé dans un essuie-tout et un sac hermétique

Placez au congélateur :

- Le tajine d'agneau si vous le consommez plus de 2 jours après la confection
- Le velouté d'épinards, dans un grand bocal, en laissant un peu de vide
- Le gratin de pommes de terre et poireaux, directement dans son plat à gratin, recouvert de film alimentaire
- Les keftas d'agneau avec leur poêlée navets-carottes-pois chiches, dans un grand récipient hermétique
- Les lasagnes saumon-épinards, directement dans leur plat à gratin recouvert de film alimentaire

Résultat

Menu

Menu #3

Lundi

Entrée

Barquettes d'endives aux rillettes de thon

Plat

Tarte Tatin de navets au miel et fromage de chèvre

Temps de réchauffage :
10 min
Temps de préparation :
2 min

Ingrédients : les rillettes de thon, l'endive, la tarte Tatin

Détachez les feuilles d'endives et farcissez chacune avec un peu de rillettes de thon.
Réchauffez la tarte Tatin au four préchauffé à 160 °C (th. 5-6).
Pour le mardi, si vous avez congelé le tajine d'agneau aux coings, sortez-le du congélateur et mettez-le au réfrigérateur afin qu'il décongèle.

Mardi

Tajine d'agneau aux coings

Temps de réchauffage :
15 min
Temps de cuisson :
5 min
Temps de préparation :
1 min

Ingrédients : le tajine d'agneau, 200 g de semoule de blé, la moitié du reste de coriandre fraîche

Réchauffez le tajine dans sa cocotte. Faites cuire la semoule selon les indications du paquet. Servez la semoule dans les assiettes, recouvrez de tajine d'agneau et parsemez de coriandre ciselée.
Pour le mercredi, sortez le velouté d'épinards ainsi que le gratin de pommes de terres et poireaux du congélateur et mettez-les au réfrigérateur afin qu'ils décongèlent.

Mercredi

Temps de réchauffage : 15 min

Entrée

Velouté d'épinards au fromage frais

Plat

Gratin de pommes de terre, poireaux, oignons et lardons

Ingrédients : le velouté d'épinards, le gratin
Réchauffez le gratin au four préchauffé à 160 °C (th. 5-6), et le velouté d'épinards à la casserole ; servez !
Pour le jeudi, sortez les keftas d'agneau et la poêlée du congélateur et mettez-les au congélateur afin qu'elles décongèlent.

Jeudi

Keftas d'agneau, poêlée de carottes, navets et pois chiches au cumin

Temps de réchauffage : 15 min

Ingrédients : le plat de keftas, le reste de coriandre
Faites réchauffer le plat dans une sauteuse. Parsemez de coriandre ciselée.
Pour le vendredi, sortez les lasagnes saumon-épinards du congélateur et mettez-les au réfrigérateur afin qu'elles décongèlent.

Vendredi

Temps de réchauffage : 15 min

Lasagnes saumon-épinards

Ingrédients : les lasagnes saumon-épinards
Réchauffez les lasagnes au four préchauffé à 160 °C (th. 5-6) et servez !

Menu #4

Panier

Menu #4

Menu #4

Viande / Poisson

- 3 cuisses de poulet
- 4 filets de colin surgelés
- 4 tranches de jambon blanc (ou dinde)

Légumes / Fruits

- 2 kg de potiron
- 800 g de petites pommes de terre
- 1 brocoli
- 2 carottes
- 1 petite barquette de tomates cerise
- 1 branche de céleri
- 1 botte de coriandre
- 6 gousses d'ail
- 6 oignons jaunes
- 6 échalotes

Crèmerie

- 1 sachet de parmesan râpé (100 g)
- 40 cl de crème fraîche
- 70 à 100 g de gruyère râpé
- 125 g de beurre
- 33 cl de crème liquide
- 1 pâte feuilletée

Placard de base

- Farine
- Vinaigre de vin
- Huile d'olive
- Sel, poivre

Épicerie

- 250 g de macaronis
- 250 g de riz blanc ou semi-complet
- 1 boîte de haricots rouges (400 g env., poids net)
- 1 boîte de tomates pelées au jus (40 cl)
- 200 g de semoule (pour couscous)
- Gingembre en poudre
- Cannelle en poudre
- Cumin en poudre
- Curcuma en poudre
- Curry en poudre
- Thym
- 1 poignée de graines de courge

Lundi

Entrée
Feuilletés aux tomates cerise, parmesan, graines de courge et thym

Plat
Chili végétarien

Mardi

Couscous de poulet au potiron

Mercredi

Gratin de macaronis au jambon* et au brocoli

Jeudi

Crumble salé de poulet aux légumes

Vendredi

Entrée
Velouté de potiron au curry

Plat
Colin sauce échalotes, pommes de terre vapeur

*Pour un menu sans porc, remplacez le jambon par du blanc de dinde.

Préparation

Menu #4

Au préalable

1) Si vous avez suffisamment de place, sortez les ingrédients dont vous allez avoir besoin pendant cette session de cuisine : tous sauf les pommes de terre, le colin, la pâte feuilletée, le riz complet et la semoule. Cela permet d'avoir tout sous la main et de ne pas perdre de temps à chercher les ingrédients dans les placards et le réfrigérateur.
2) Sortez les ustensiles nécessaires :
   - 1 plaque de four
   - 2 plats à gratin
   - 1 grande sauteuse
   - 1 grande casserole
   - 1 petite casserole
   - 1 cocotte
   - 1 mixeur plongeant
   - 1 écumoire
   - 1 grand saladier
   - 1 petit saladier
   - 3 petits ramequins
   - 1 bocal en verre de 1,5 l de contenance (pour conserver le velouté de potiron)
   - 2 récipients : 1 grand + 1 petit
   - 1 essoreuse à salade
   - Papier essuie-tout, aluminium, film alimentaire

C'est parti pour 1 h 50 de cuisine !

1 Dans la grande sauteuse, faites chauffer 2 cuil. à soupe d'huile d'olive. Ajoutez les cuisses de poulet côté peau. Couvrez et laissez bien dorer pendant 10 min.

2 Pelez et émincez grossièrement tous les oignons, toutes les échalotes et toutes les gousses d'ail. Réservez dans des ramequins séparés.

3 Plongez la coriandre dans l'essoreuse à salade remplie d'eau. Laissez tremper 5 min. Videz l'eau et essorez soigneusement. Placez dans un récipient en verre entre 2 feuilles de papier essuie-tout. Conservez ainsi au réfrigérateur pendant 1 semaine.

4 Éteignez sous le poulet. Pelez les carottes et lavez la branche de céleri. Coupez tout en très petits

dés. Retournez les cuisses de poulet en faisant attention aux éclaboussures. Versez ¼ des oignons, ¼ de l'ail, et tous les dés de carottes et de céleri. Salez, versez ½ cuil. à café de cannelle et ½ cuil. à café de gingembre et rallumez sur feu doux. Ajoutez 1 grand verre d'eau, couvrez et laissez cuire 35 min.

5 Commencez à préparer le chili végétarien : dans la cocotte, faites chauffer 2 cuil. à soupe d'huile d'olive, puis versez ⅓ du reste d'oignons jaunes, ⅓ de l'ail et 1 cuil. à café de sel. Laissez fondre pendant 10 min à feu doux et à couvert.

6 Pendant ce temps, enlevez les graines du potiron, pelez-le et coupez-le en cubes. Versez-en 1 poignée dans le plat à gratin qui servira pour le crumble. Réservez le reste dans un grand saladier.

7 Dans la cocotte, ajoutez la boîte de tomates pelées au jus, ½ cuil. à café de curcuma et ½ cuil. à café de cumin. Poursuivez la cuisson 15 min.

8 Portez une grande casserole d'eau salée à ébullition. Pendant ce temps, lavez le brocoli et coupez-le en très petites fleurettes. Plongez-les dans la casserole et laissez cuire 10 min.

9 Préchauffez le four à 180 °C (th. 6). Préparez le sablage du crumble en mélangeant ,dans un petit saladier, 150 g de farine, 125 g de beurre, 60 g de parmesan, 1 pincée de thym et la moitié des graines de courge. Réservez.

10 Prélevez les brocolis cuits à l'aide d'une écumoire, réservez dans un bol et versez à la place les 250 g de macaronis. La cuisson doit être *al dente*.

Préparation

Menu #4

11 Rincez les haricots rouges. Versez-les dans la cocotte. Mélangez bien et éteignez.

12 Ôtez 1 cuisse de poulet de la sauteuse et laissez-la refroidir dans une assiette. Coupez les tomates cerise en deux. Versez la moitié dans le plat à gratin contenant les cubes de potiron. Ajoutez ⅓ des fleurettes de brocoli, ½ du reste d'oignon et d'ail et un peu de sel. Émiettez la chair du poulet dans le plat. Mélangez le tout. Recouvrez du sablage. Enfournez pour 30 min.

13 Dans une petite casserole, versez ½ verre de vinaigre de vin et les toutes les échalotes. Laissez cuire à feu doux pendant 15 min environ, jusqu'à évaporation presque totale du vinaigre.

14 Égouttez les macaronis et placez-les dans le second plat à gratin. Versez le restant de brocoli, la brique de crème liquide et la moitié du reste d'ail. Coupez le jambon en dés, ajoutez-le dans le plat, salez, poivrez et mélangez bien. Recouvrez avec le paquet de gruyère râpé et enfournez pour 15 min. Lavez la casserole, remplissez à moitié d'eau et portez à ébullition.

15 Dans la sauteuse des cuisses de poulet, ajoutez ⅓ des cubes de potiron. Poursuivez la cuisson 10 min.

16 Dans la casserole d'eau, versez le restant de potiron, d'ail et d'oignon. Laissez cuire 15 min.

17 Dans la petite casserole d'échalotes, ajoutez les ⅔ de la crème fraîche, salez et poivrez. Réservez hors du feu.

18 Sortez la pâte feuilletée du réfrigérateur, étalez-la et découpez environ 12 carrés de 10 cm de côté.

Remplissez le centre de chaque carré avec 3 demi-tomates cerise et repliez les 4 coins vers l'intérieur en les collant entre eux. Saupoudrez du restant de parmesan, de thym et de graines de courge. Placez sur une plaque de cuisson recouverte de papier sulfurisé et enfournez pour 10 min.

19 Dans la grande casserole de potiron, versez le restant de crème fraîche et ½ cuil. à café de curry. Mixez longuement.

Tout est prêt ! Laissez refroidir.

Placez au réfrigérateur :

* Les feuilletés aux tomates cerise, directement sur la plaque de four, recouverte de papier aluminium (se conservent 2 jours)
* Le chili végétarien, dans la cocotte (se conserve jusqu'à 3 jours)
* Le poulet au potiron (se conserve 2 jours)
* La coriandre dans son récipient hermétique (se conserve 1 semaine)

Placez au congélateur :

* Le poulet au potiron, si vous le consommez plus de 2 jours après la confection
* Le velouté de potiron, dans un grand bocal, en laissant un peu de vide
* Le gratin de macaronis et jambon, directement dans le plat à gratin, recouvert de film alimentaire
* Le crumble de poulet aux légumes, directement dans le plat à gratin, recouvert de film alimentaire
* La sauce aux échalotes, dans un bocal hermétique.

Résultat

Menu #4

GreenPan

Menu #4

Lundi

Entrée

Feuilletés aux tomates cerise, parmesan, graines de courge et thym

Plat

Chili végétarien

Temps de réchauffage :
10 min
Temps de cuisson :
10 min
Temps de préparation :
1 min

Ingrédients : les feuilletés, le chili végétarien, 250 g de riz, la moitié de la coriandre

Faites cuire le riz selon les indications du paquet. Réchauffez les feuilletés au four préchauffé à 160 °C (th. 5-6). Réchauffez le chili végétarien dans sa cocotte. Servez-le avec le riz et parsemez de coriandre.

Pour le mardi, si vous avez congelé le poulet au potiron, sortez-le du congélateur et mettez-le au réfrigérateur afin qu'il décongèle.

Mardi

Couscous de poulet au potiron

Temps de réchauffage :
15 min
Temps de cuisson :
5 min
Temps de préparation :
1 min

Ingrédients : le poulet au potiron, 200 g de semoule de blé, le reste de coriandre

Réchauffez le poulet au potiron dans la sauteuse. Faites cuire la semoule selon les indications du paquet. Servez la semoule dans les assiettes, recouvrez de poulet au potiron et parsemez de coriandre ciselée.

Pour le mercredi, sortez le gratin de macaronis du congélateur et mettez-le au réfrigérateur afin qu'il décongèle.

Mercredi

Gratin de macaronis au jambon et au brocoli

Temps de réchauffage :
15 min

Ingrédients : le gratin

Réchauffez le gratin au four préchauffé à 160 °C (th. 5-6) et servez !

Pour le jeudi, sortez le crumble salé du congélateur et mettez-le au réfrigérateur afin qu'il décongèle.

Jeudi

Crumble salé de poulet aux légumes

Temps de réchauffage :
15 min

Ingrédients : le crumble
Faites réchauffer au four préchauffé à 160 °C (th. 5-6) et servez !
Pour le vendredi, sortez le velouté de potiron et la sauce aux échalotes du congélateur et mettez-les au réfrigérateur afin qu'ils décongèlent.

Vendredi

Entrée
Velouté de potiron au curry

Plat
Colin sauce échalotes, pommes de terre vapeur

Temps de réchauffage :
15 min
Temps de cuisson :
15 min
Temps de préparation :
2 min

Ingrédients : les pommes de terre, les filets de colin surgelés, le velouté de potiron, la sauce aux échalotes
Faites cuire les pommes de terre entières avec la peau pendant 15 min à la vapeur. Faites cuire les filets de colin selon les indications du paquet. Pendant ce temps, réchauffez le velouté de potiron dans une grande casserole et la sauce aux échalotes dans une petite casserole. Servez le colin et les pommes de terre nappés de sauce.

Hiver

Menu #1

Panier

Menu #1

Menu #1

Légumes / Fruits

- 6 poireaux
- 8 carottes
- 1 branche de céleri
- 4 navets
- 2 kg de pommes de terre charlotte
- 1 botte de persil plat
- 2 oignons jaunes ou blancs
- 2 gousses d'ail

Viande / Poisson

- 1,5 kg de viande à pot-au-feu : mélange de plat de côtes, basses côtes ou paleron et rond de gîte
- 1 à 4 os à moelle selon vos goûts
- 400 g de haddock fumé

Placard de base

- 3 feuilles de laurier
- 3 clous de girofle
- 3 gros grains de poivre
- Thym sec
- Moutarde
- Vinaigre
- Huile de tournesol
- Huile d'olive
- Sel, fleur de sel, gros sel gris, poivre

Crèmerie

- 6 œufs
- 40 cl de crème liquide

Épicerie

- 20 cl de lait de coco
- 1 petit bocal de cornichons
- 200 g de pâtes langues d'oiseaux (ou de vermicelles)
- 4 tranches de pain de campagne
- 1 paquet de feuilles de brick

Menus

Lundi

Entrée
Poireaux vinaigrette et œufs mimosa

Plat
Pâtes « langues d'oiseaux » au bouillon de pot-au-feu

Mardi

Pot-au-feu

Mercredi

Entrée
Bricks au bœuf et légumes

Plat
Brandade de haddock

Jeudi

Velouté de légumes, toasts d'os à moelle

Vendredi

Soupe de haddock au lait de coco

Préparation
Menu #1

Au préalable

1) Si vous avez suffisamment de place, sortez les ingrédients dont vous allez avoir besoin pendant cette session de cuisine : tous sauf 1 œuf, les pâtes, les cornichons et la moutarde. Cela permet d'avoir tout sous la main et de ne pas perdre de temps à chercher les ingrédients dans les placards et le réfrigérateur.
2) Sortez les ustensiles nécessaires :
   * 1 petite casserole
   * 1 casserole moyenne
   * 1 très grande casserole
   * 1 grande cocotte ou 1 marmite pour la cuisson du pot-au-feu
   * 1 grand saladier
   * 1 plat à gratin
   * 1 presse-purée
   * 1 mixeur plongeant
   * 1 écumoire
   * 6 récipients : 3 grands + 2 moyens + 1 petit
   * 1 bocal en verre de 1,5 l de contenance (pour conserver le bouillon de pot-au-feu)
   * Film alimentaire

C'est parti pour 2 h de cuisine !

1 Mettez les morceaux de bœuf (pas les os à moelle) dans une grande cocotte ou marmite. Couvrez de 3 l d'eau, ajoutez 1 cuil. à soupe de gros sel gris, 2 feuilles de laurier et 1 oignon pelé piqué de 3 clous de girofle. Portez à ébullition. Écumez pendant 15 min puis baissez le feu.

2 Pendant ce temps, faites chauffer dans une casserole moyenne les 20 cl de lait de coco avec 50 cl d'eau, 1 feuille de laurier et ½ cuil. à café de thym.

3 Rincez abondamment les filets de haddock sous l'eau pour les dessaler. Enlevez la peau en tirant avec les doigts. Coupez en morceaux et plongez-les dans la casserole de lait de coco. Laissez pocher 15 min à feu très doux, sans ébullition.

4 Faites chauffer une très grande casserole d'eau salée. Pelez toutes les pommes de terre. Laissez-les cuire entières dans la grande casserole, jusqu'à ce qu'elles soient tendres (30 min env.).

5 Enlevez les morceaux de haddock de la casserole à l'aide d'une écumoire et laissez-les s'égoutter dans une passoire.

6 Pelez les navets, les carottes et l'oignon restant. Coupez 1 navet en dés, les 3 autres en deux. Coupez 2 carottes en rondelles, les 6 autres en quatre. Coupez l'oignon en dés.

7 Dans la casserole ayant servi au pochage du haddock, versez les dés de navets, d'oignons et les rondelles de carottes. Laissez cuire 30 min à couvert. Ne salez pas.

8 Dans la cocotte du pot-au-feu, ajoutez les demi-navets et les morceaux de carottes, 3 grains de poivre et 1 branche de persil.

9 Coupez les extrémités des poireaux, lavez-les soigneusement et coupez-les en 4 tronçons. Détachez les feuilles de la branche de céleri, lavez-la et coupez-la également en quatre. Ajoutez-les dans la cocotte de pot-au-feu.

10 Dans un saladier, émiettez la moitié des morceaux de haddock. Hachez 1 gousse d'ail et versez 20 cl de crème liquide, 2 cuil. à soupe d'huile d'olive et les ⅔ des pommes de terre cuites. Poivrez mais ne salez pas. Écrasez avec un presse-purée.

11 Lavez et séchez le persil puis ciselez-le finement. Ajoutez la moitié à la brandade de haddock. Mélangez puis versez dans un plat à gratin.

Préparation

Menu #1

12 Remettez le restant de haddock dans la casserole de légumes au lait de coco. Laissez refroidir.

13 Faites cuire 4 œufs dans une petite casserole d'eau bouillante pendant 10 min.

14 Sortez tous les légumes de la cocotte de pot-au-feu à l'aide d'une écumoire. Réservez dans un petit récipient 8 jolis tronçons de poireaux pour la recette des poireaux vinaigrette. Ajoutez 1 cuil. à soupe de persil ciselé. Réservez les plus jolis morceaux de carottes, de navets, de poireaux, de céleri et d'oignon pour l'accompagnement du pot-au-feu.

15 Prélevez la moitié de la chair de plat de côtes et émiettez-la. Mélangez avec 3 pommes de terre, 2 morceaux de navet, quelques rondelles de carottes, le restant de persil ciselé, du sel et du poivre. Réservez dans un bol pour farcir les bricks.

16 Versez les morceaux de légumes les plus émiettés dans un saladier pour réaliser une soupe. Ajoutez 1 pomme de terre, le restant de crème liquide ainsi que 2 louches de bouillon de pot-au-feu, un peu de sel et de poivre puis mixez longuement.

17 Ajoutez les os à moelle dans la cocotte et poursuivez la cuisson aussi longtemps que votre temps le permet (idéalement encore 1 h 30).

18 Préchauffez le four à 180 °C (th. 6). Coupez chaque feuille de brick en deux. Repliez chaque bord rond vers l'intérieur. Placez 1 cuil. à café de farce dans le triangle proche de vous. Rabattez vers le haut en formant des triangles. Glissez le surplus de feuille vers l'intérieur pour fermer. Cette opération n'est pas compliquée

mais prend un peu de temps. Faites-vous aider de petites mains, les enfants seront ravis de participer. Battez 1 œuf et badigeonnez sur les bricks. Enfournez pour 15 min.

Tout est prêt ! Laissez refroidir.

Placez au réfrigérateur :

* Les 4 œufs cuits (se conservent 5 jours)
* Les 8 tronçons de poireaux cuits (se conservent 3 jours)
* Le bouillon du pot-au-feu, dans un bocal en verre (se conserve 3 jours)
* Les morceaux de viande de pot-au-feu si vous les consommez dans les 2 jours après confection
* Les légumes du pot-au-feu (se conservent 3 jours)

Placez au congélateur :

* Les morceaux de viande de pot-au-feu si vous les consommez plus de 2 jours après confection
* Les bricks
* La brandade de haddock, directement dans son plat à gratin, recouvert d'un film alimentaire
* Le velouté de légumes
* Les os à moelle avec un peu de bouillon
* Les tranches de pain de campagne, dans un sac hermétique
* La soupe de haddock au lait de coco

Résultat

Menu #1

Menu #1

Lundi

Temps de cuisson :
10 min
Temps de préparation :
10 min

Entrée

Poireaux vinaigrette et œufs mimosa

Plat

Pâtes « langues d'oiseaux » au bouillon de pot-au-feu

Ingrédients : les tronçons de poireaux cuits, les 4 œufs cuits, 1 œuf cru, moutarde, huile de tournesol, huile d'olive, vinaigre, sel, poivre ; le bouillon de pot-au-feu, 200 g de pâtes « langues d'oiseaux » ou de vermicelles

Réalisez une vinaigrette : mélangez 1 cuil. à café de moutarde avec 1 cuil. à café de vinaigre et un peu de sel. Fouettez en ajoutant petit à petit 2 cuil. à soupe d'huile d'olive. Versez sur les poireaux.

Réalisez une mayonnaise : mélangez le jaune d'œuf avec 1 cuil. à café de moutarde et un peu de sel. Fouettez en ajoutant petit à petit 4 cuil. à soupe d'huile de tournesol.

Écalez les œufs. Coupez-les en deux. Ôtez les jaunes et mélangez-les avec la mayonnaise. Farcissez les blancs d'œufs. Servez sur les poireaux.

Dégraissez le bouillon en enlevant la couche de gras qui se trouve au-dessus. Faites cuire les pâtes dans le bouillon. Servez !

Pour le mardi, si vous avez congelé la viande du pot-au-feu, sortez-la du congélateur et mettez-le au réfrigérateur afin qu'elle décongèle.

Mardi

Temps de réchauffage :
10 min

Pot-au-feu

Ingrédients : les morceaux de viande, les légumes, moutarde, cornichons, fleur de sel

Faites réchauffer les légumes et la viande. Servez à chaque personne un morceau de viande de chaque sorte. Accompagnez de cornichons, de moutarde et de fleur de sel.

Pour le mercredi, sortez les bricks et la brandade du congélateur et mettez-les au réfrigérateur afin qu'ils décongèlent.

Mercredi

Temps de réchauffage :
10 min

Entrée
Bricks au bœuf et légumes

Plat
Brandade de haddock

Ingrédients : les bricks, la brandade
Préchauffez le four à 180 °C (th. 6) et réchauffez les bricks et la brandade pendant 10 min. Servez !
Pour le jeudi, sortez le velouté de légumes, les os à moelle et les tranches de pain du congélateur et mettez-le au réfrigérateur afin qu'ils décongèlent.

Jeudi

Velouté de légumes, toasts d'os à moelle

Temps de réchauffage :
15 min
Temps de préparation :
2 min

Ingrédients : le velouté de légumes, les os à moelle, les tranches de pain, fleur de sel
Faites réchauffer le velouté dans une casserole. Faites réchauffer les os à moelle dans une petite casserole avec le fond de bouillon.
Faites griller les tranches de pain. Étalez la moelle dessus. Parsemez de fleur de sel.
Pour le vendredi, sortez la soupe de haddock au lait de coco du congélateur et mettez-la au réfrigérateur afin qu'elle décongèle.

Vendredi

Temps de réchauffage :
15 min

Soupe de haddock au lait de coco

Ingrédients : la soupe
Faites réchauffer la soupe à la casserole, servez !

Menu #2

Panier

Menu #2

Menu #2

Légumes / Fruits

* 500 g de champignons de Paris
* 2 poireaux
* 4 carottes
* ½ chou rouge (ou un sachet de chou rouge déjà râpé, DLC > 3 ou 4 jours)
* 1 kg de pommes de terre charlotte
* 1 sachet de mâche (DLC > 2 jours)
* 1 petite grappe de raisins
* 1 pomme
* 2 échalotes
* 2 oignons
* 4 gousses d'ail
* 1 petit morceau de gingembre (facultatif)

Placard de base

* Moutarde
* Maïzena®
* Thym
* Noix muscade
* Vinaigre
* Huile d'olive
* Sel, poivre

Viande / Poisson

* 150 g de lardons fumés (ou dés de dinde)
* 1 kg de sauté de veau
* 16 ailes de poulet
* 1 chorizo

Crèmerie

* 4 œufs
* 40 cl de crème liquide
* 1 grand pot de crème fraîche
* 1 petit sachet de gruyère râpé
* 1 pâte brisée

Épicerie

* 500 g de lentilles cuites sous vide (type Lunor®)
* 250 g de riz
* 50 g d'olives dénoyautées
* 10 cl de porto, de banyuls ou de vin rouge
* 1 grosse boîte de concentré de tomates
* Sauce soja
* Miel liquide
* Ketchup

Lundi

Quiche lorraine*

Mardi

Entrée
Velouté poireaux-pommes de terre

Plat
Ailes de poulet caramélisées

Mercredi

Entrée
Salade de chou rouge, raisins et pomme

Plat
Mijoté de veau au chorizo*

Jeudi

Lentilles, champignons et carottes à la crème

Vendredi

Blanquette de veau épicée

* Pour un menu sans porc, remplacez les lardons de la quiche par des dés de dinde et le chorizo par 1 pincée de piment.

Préparation Menu #2

Au préalable

1) Si vous avez suffisamment de place, sortez les ingrédients dont vous allez avoir besoin pendant cette session de cuisine : tous sauf le sachet de chou rouge râpé, le sachet de mâche, le raisin, la pomme, les lentilles et le riz. Cela permet d'avoir tout sous la main et de ne pas perdre de temps à chercher les ingrédients dans les placards et le réfrigérateur.
2) Sortez les ustensiles nécessaires :
   * 1 cocotte
   * 1 moule à tarte
   * des billes de cuisson en céramique (ou des légumes secs)
   * 1 petite casserole
   * 1 casserole moyenne
   * 1 saladier
   * 1 poêle
   * 1 mixeur plongeant
   * 5 récipients : 3 grands + 1 moyen + 1 petit pour la vinaigrette

C'est parti pour 1 h 45 de cuisine !

1 Pelez et émincez les 2 oignons et toutes les gousses d'ail. Découpez la viande de veau en cubes. Dans une cocotte, faites chauffer 1 cuil. à soupe d'huile d'olive puis ajoutez la moitié des oignons, la moitié de l'ail, les cubes de viande, 1 cuil. à café de sel et un peu de poivre. Laissez saisir 10 min.

2 Pendant ce temps, pelez toutes les pommes de terre et les carottes. Coupez les pommes de terre en cubes et les carottes en rondelles.

3 Dans la cocotte, ajoutez ½ cuil. à café de thym et le concentré de tomates. Mélangez bien. Versez ensuite les 10 cl de porto (ou autre vin) puis versez de l'eau jusqu'à recouvrir complètement la viande. Ajoutez les ¾ des cubes de pommes de terre,

⅓ des rondelles de carottes et le chorizo coupé en tranches épaisses. Laissez mijoter à couvert 1 h 15.

4 Préchauffez le four à 190 °C (th. 6-7). Graissez le moule à tarte. Déposez la pâte brisée en appuyant bien sur les bords et coupez l'excédent de pâte. Piquez le fond avec une fourchette. Froissez le papier sulfurisé qui enveloppait la pâte, recouvrez-en le fond de tarte et remplissez de billes de cuisson (ou de légumes secs). Précuisez la pâte à blanc pendant 25 min.

5 Faites chauffer une casserole moyenne avec 80 cl d'eau salée. Coupez les extrémités des poireaux et lavez-les soigneusement. Coupez le blanc des poireaux en rondelles épaisses et détaillez le vert en petits dés. Dans la casserole, versez le blanc des poireaux, le restant de pommes de terre et le restant d'oignons. Laissez cuire pendant 25 min.

6 Faites chauffer une petite casserole d'eau salée. Faites cuire le restant des rondelles de carottes pendant 20 min.

7 Préparez une grande vinaigrette : dans un récipient, versez 2 cuil. à soupe de moutarde, ½ cuil. à café de sel et 1 pincée de poivre. Ajoutez 4 cuil. à soupe de vinaigre et mélangez. Versez petit à petit 8 cuil. à soupe d'huile d'olive en mélangeant vivement.

8 Préparez l'appareil à quiche : dans un saladier, battez les 4 œufs avec ½ cuil. à café de sel, un peu de poivre et de noix muscade râpée. Ajoutez toute la crème liquide et fouettez.

Préparation

Menu #2

9 Dans une petite poêle, faites dorer les lardons sans matière grasse pendant 5 min à feu vif. Épongez le gras résiduel. Versez les lardons dans le fond de tarte précuit. Recouvrez avec le sachet de gruyère râpé. Versez l'appareil à quiche. Enfournez pour 30 min.

10 Mixez longuement le velouté de poireaux et pommes de terre avec 2 cuil. à soupe de crème fraîche.

11 Pelez et émincez les 2 échalotes. Dans une poêle, faites chauffer 1 cuil. à soupe d'huile d'olive. Ajoutez les échalotes, le restant d'ail et ½ cuil. à café de sel. Laissez fondre pendant 5 min. Ajoutez les verts de poireaux. Lavez les champignons et émincez-les. Ajoutez dans la poêle. Laissez cuire 5 min.

12 Recoupez la moitié des rondelles de carottes cuites en petits dés. Versez-les dans un récipient de taille moyenne.

13 Versez dans la poêle le restant de crème fraîche et 1 cuil. à soupe de Maïzena®. Laissez épaissir pendant 5 min. Versez ⅓ de cette préparation dans le récipient avec les dés de carottes : ce sera la crème pour les lentilles du jeudi.

14 Dans la poêle, versez les rondelles de carottes cuites. Prélevez la moitié des morceaux de veau de la cocotte et placez-les dans la poêle. Mélangez bien.

15 Ajoutez les olives dans la cocotte et poursuivez la cuisson 10 min.

16 Préparez la marinade pour les ailes de poulet : dans un grand récipient, versez 6 cuil.

à soupe de sauce soja, 4 cuil. à soupe de miel, 2 cuil. à soupe de ketchup et le gingembre râpé (facultatif). Mélangez puis plongez les ailes de poulet dans cette marinade.

17 Si votre chou rouge était entier, râpez-le et conservez-le dans un récipient hermétique.

Tout est prêt ! Laissez refroidir.

Placez au réfrigérateur :

* La quiche lorraine, dans son moule (se conserve 2 jours)
* Le velouté poireaux-pommes de terre, dans sa casserole (se conserve 3 jours)
* Les ailes de poulet dans leur marinade (se conservent 3 jours)
* La vinaigrette (se conserve 1 semaine)

Placez au congélateur :

* Le mijoté de veau au chorizo
* Les légumes à la crème pour les lentilles
* La blanquette de veau épicée

Résultat

Menu #2

LE CREUSET
LE CREUSET

Menu #2

Lundi

Quiche lorraine

Temps de réchauffage :
10 min

Ingrédients : la quiche lorraine, le sachet de mâche, la moitié de la vinaigrette

Préchauffez le four à 180 °C (th. 6) et réchauffez la quiche pendant 10 min. Servez avec la mâche et la vinaigrette.

Mardi

Entrée
Velouté poireaux-pommes de terre

Plat
Ailes de poulet caramélisées

Temps de réchauffage :
10 min
Temps de cuisson :
10 min

Ingrédients : le velouté, les ailes de poulet marinées, poivre

Préchauffez le four à 250 °C (th. 8-9). Placez les ailes de poulet avec leur marinade dans un plat à four et laissez cuire pendant 10 min environ, jusqu'à ce qu'elles soient bien caramélisées.

Réchauffez le velouté pendant 10 min à feu doux, saupoudrez d'un tour de moulin à poivre et servez !

Pour le mercredi, sortez le mijoté de veau du congélateur et mettez-le au réfrigérateur afin qu'il décongèle.

Mercredi

Entrée
Salade de chou rouge, raisins et pomme

Plat
Mijoté de veau au chorizo

Temps de réchauffage :
15 min
Temps de préparation :
10 min

Ingrédients : le chou rouge râpé, la pomme, la grappe de raisins, le restant de vinaigrette, le mijoté de veau décongelé

Réchauffez le mijoté de veau pendant 15 min à feu doux. Coupez la pomme en quartiers fins. Coupez les raisins en deux et enlevez les pépins. Versez le chou râpé, les quartiers de pomme et les raisins dans un saladier, versez la vinaigrette, mélangez et servez !

Pour le jeudi, sortez le récipient de légumes à la crème du congélateur et mettez-le au réfrigérateur afin qu'il décongèle.

Jeudi

Lentilles, champignons et carottes à la crème

Temps de réchauffage :
10 min

Ingrédients : le paquet de lentilles cuites, les légumes à la crème
Versez les légumes à la crème sur les lentilles. Faites réchauffer selon votre préférence à la casserole ou au micro-ondes.
Pour le vendredi, sortez la blanquette de veau épicée du congélateur et mettez-la au réfrigérateur afin qu'elle décongèle.

Vendredi

Blanquette de veau épicée

Temps de réchauffage :
15 min
Temps de cuisson :
10 min

Ingrédients : la blanquette de veau, 250 g de riz
Faites cuire le riz selon les indications du paquet. Réchauffez la blanquette selon votre préférence à la casserole ou au micro-ondes. Servez avec le riz.

Menu #3

Panier

Menu #3

Épicerie

Menu #3

Légumes / Fruits

* 1 petit céleri-rave
* 1 panais
* 1 gros brocoli
* 3 oranges bio
* 3 oranges sanguines
* 1 kg de pommes de terre charlotte
* 1 petit potimarron
* 1 carotte
* 1 poignée (ou 1 petit sachet) de pousses de soja
* 1 botte de persil
* 1 oignon jaune
* 5 cm de gingembre
* 1 échalote
* 7 gousses d'ail

Placard de base

* Huile d'olive
* Noix muscade
* Maïzena®
* Curry
* Cumin
* Sel, poivre

Viande / Poisson

* 4 petits magrets ou filets de canard (ou de canette)
* 1 paquet de petites saint-jacques surgelées

Crèmerie

* 4 œufs
* 2 x 40 cl de crème liquide
* 1 petit pot de crème fraîche
* 1 l de lait demi-écrémé
* 1 chèvre frais (type Petit Billy)

Épicerie

* 1 paquet de nouilles de blé chinoises
* 1 boîte de pois chiches
* 200 g de quinoa
* 250 g de spaghettis
* Miel liquide
* 60 g de noisettes crues ou grillées (non salées)
* Thym
* Mélange quatre-épices
* Sauce soja
* 1 verre de vin blanc

Lundi

Entrée
Velouté de céleri-rave et panais aux saint-jacques

Plat
Quiche sans pâte chèvre-brocoli

Mardi

Magret de canard à l'orange, gratin dauphinois

Mercredi

Entrée
Salade de pois chiches aux oranges

Plat
Quinoa au potimarron rôti, chèvre, noisettes

Jeudi

Wok de nouilles chinoises au canard et légumes

Vendredi

Spaghettis aux saint-jacques

Préparation

Menu #3

Au préalable

1) Si vous avez suffisamment de place, sortez les ingrédients dont vous allez avoir besoin pendant cette session de cuisine : tous sauf les pousses de soja, les magrets de canard, les saint-jacques, le pot de crème fraîche, les nouilles chinoises, les pois chiches, les spaghettis, le mélange quatre-épices et le vin blanc. Cela permet d'avoir tout sous la main et de ne pas perdre de temps à chercher les ingrédients dans les placards et le réfrigérateur.
2) Sortez les ustensiles nécessaires :
   - 1 casserole moyenne
   - 1 grande casserole
   - 1 saladier
   - 2 plats à gratin
   - 1 moule à gâteau rond
   - 1 mixeur plongeant
   - 9 récipients : 1 grand + 2 moyens + 5 petits + 1 bocal en verre pour conserver les noisettes grillées
   - Essuie-tout

C'est parti pour 2 h de cuisine !

1 Préchauffez le four à 160 °C (th. 5-6).
Pelez les pommes de terre. Émincez-les très finement à la mandoline ou au robot.
Ne les rincez pas. Pelez 4 gousses d'ail, émincez-les et réservez dans un petit bol.

2 Disposez la moitié des rondelles de pommes de terre dans un plat à gratin. Salez, parsemez de noix muscade râpée et de ½ cuil. à café d'ail émincé. Recouvrez avec le restant de pommes de terre, salez et parsemez de muscade râpée. Versez 20 cl de crème liquide et 50 cl de lait. Enfournez dans le bas du four pendant 1 h 30.

3 Portez une casserole moyenne d'eau salée à ébullition. Coupez le brocoli en fleurettes. Versez-en les $\frac{2}{3}$ dans l'eau bouillante. Laissez cuire 10 min. Réservez le restant des fleurettes dans un récipient de taille moyenne.

4 Préparez l'appareil à quiche : dans un saladier, battez 4 œufs, ajoutez 40 cl de crème liquide, $\frac{1}{2}$ cuil. à café d'ail, 1 cuil. à soupe de Maïzena®, salez et poivrez. Coupez la moitié du fromage de chèvre en dés. Égouttez les fleurettes de brocoli. Versez le brocoli précuit et les dés de fromage dans le moule à gâteau puis recouvrez de l'appareil à quiche. Enfournez dans le haut du four pendant 40 min.

5 Dans une grande casserole, versez les 50 cl restant de lait et 2 verres d'eau. Salez et portez à frémissement. Pelez le céleri-rave et le panais. Coupez-les en cubes. Versez dans la casserole et laissez cuire 20 min.

6 Prélevez les zestes des oranges bio puis enlevez la peau et prélevez les suprêmes (quartiers) en coupant entre chaque membrane blanche. Pressez les membranes au-dessus d'un petit récipient hermétique. Déposez les suprêmes d'oranges et les zestes.

Préparation

Menu

7 De la même manière, prélevez les suprêmes et le jus des oranges sanguines (pas le zeste) et réservez dans un petit récipient hermétique.

8 Portez une casserole moyenne d'eau salée à ébullition. Rincez abondamment le quinoa dans un tamis fin. Laissez-le cuire 15 min puis égouttez.

9 Lavez le potimarron. Coupez-le en deux avec un gros couteau (gardez la peau, elle se consomme). Jetez les graines. Coupez en tranches puis en dés. Déposez les dés dans un plat à four avec 3 gousses d'ail entières, 1 cuil. à soupe de thym, 3 cuil. à soupe d'huile d'olive, du sel et du poivre. Placez dans le haut du four pendant 30 min à 200 °C (th. 6-7).

10 Pelez la carotte et coupez-la en julienne (en fins bâtonnets). Placez dans le récipient avec les fleurettes de brocoli.

11 Pelez et émincez l'échalote. Placez dans un petit pot bien hermétique avec la moitié du restant d'ail haché.

12 Pelez et émincez l'oignon jaune et le gingembre. Placez dans un récipient hermétique avec le restant d'ail haché.

13 Dans un récipient hermétique, mélangez 4 cuil. à soupe de sauce soja et 4 cuil. à soupe de miel liquide.

14 Mixez le velouté céleri-rave et panais avec le restant de crème liquide et ½ cuil. à café de curry.

<u>15</u> Lavez puis essorez soigneusement le persil. Placez dans un grand récipient entre 2 feuilles de papier essuie-tout.

<u>16</u> Si vos noisettes ne sont pas grillées, faites-les torréfier au four pendant 5 min. Hachez-les grossièrement et réservez dans un bocal.

Tout est prêt ! Laissez refroidir.

Placez au réfrigérateur :

* Le quinoa cuit (se conserve 3-4 jours)
* Le velouté céleri-rave et panais, dans sa casserole (se conserve 3 jours)
* La quiche sans pâte chèvre-brocoli (se conserve 3 jours)
* Le gratin dauphinois (se conserve 3 jours)
* Les suprêmes, le zeste et le jus d'orange bio
* Les suprêmes et le jus d'orange sanguine
* Le potimarron rôti, dans son plat à four (se conserve 4 jours)
* La julienne de carottes et le restant de brocoli (se conservent 1 semaine)
* L'oignon émincé avec l'ail et le gingembre (se conservent 1 semaine)
* L'échalote émincée avec l'ail (se conserve 1 semaine)
* Le mélange miel-sauce soja (se conserve 1 semaine)
* Le persil (se conserve 1 semaine)

Laissez dehors :

* Les noisettes torréfiées hachées

Rien n'est à congeler dans ce menu !

Résultat

Menu #3

Menu #3

Lundi

Entrée

Velouté de céleri-rave et panais aux saint-jacques

Plat

Quiche sans pâte chèvre-brocoli

Temps de réchauffage :
15 min
Temps de cuisson :
1 min
Temps de préparation :
1 min

Ingrédients : le velouté céleri-rave et panais, ¼ du paquet de petites saint-jacques, 4 brins de persil, curry, huile d'olive ; la quiche sans pâte

Faites réchauffer le velouté à feu doux dans sa casserole. Lorsque le velouté est chaud, faites chauffer 1 petite poêle avec 1 cuil. à soupe d'huile d'olive. Faites cuire les saint-jacques 30 s de chaque côté à feu vif. Salez légèrement et saupoudrez d'une pointe de couteau de curry. Répartissez entre chaque convive sur le velouté. Ciselez un peu de persil.
Préchauffez le four à 160 °C (th. 5-6). Faites réchauffer la quiche pendant 10 min.

Mardi

Magret de canard à l'orange, gratin dauphinois

Temps de réchauffage :
10 min
Temps de cuisson :
10 min
Temps de préparation :
5 min

Ingrédients : les 4 magrets de canard, le récipient contenant les suprêmes, le jus et les zestes d'oranges bio, la moitié du pot miel-sauce soja, mélange quatre-épices ; le gratin dauphinois

Préchauffez le four à 160 °C (th. 5-6) et faites réchauffer le gratin dauphinois pendant 10 min.
Pendant ce temps, quadrillez les magrets de canard avec la pointe d'un couteau. Faites chauffer une grande poêle sans matière grasse. Déposez les magrets côté peau et laissez cuire 7 min à feu vif. Jetez le gras puis retournez les magrets et poursuivez la cuisson 3 min à feu moyen. Ajoutez ½ cuil. à café de quatre-épices dans la poêle, puis déglacez avec le jus d'orange et la moitié du pot miel-sauce soja. Laissez bouillir 30 s puis stopper la cuisson. Réservez 1 magret de côté pour la recette du jeudi. Coupez les 3 autres en fines tranches, disposez dans un plat, recouvrez de zestes d'oranges, versez la sauce bien chaude par-dessus et décorez avec les suprêmes d'oranges.

Mercredi

Temps de réchauffage : 10 min
Temps de préparation : 3 min

Entrée
Salade de pois chiches aux oranges

Plat
Quinoa au potimarron rôti, chèvre, noisettes

Ingrédients : les pois chiches, les suprêmes et le jus des oranges sanguines, cumin, 10 brins de persil, huile d'olive, sel et poivre ; le quinoa cuit, les dés de potimarron cuits, le restant de fromage chèvre, les noisettes torréfiées

Rincez les pois chiches. Placez-les dans un saladier. Versez le jus et les suprêmes d'oranges, ½ cuil. à café de cumin, 3 cuil. à soupe d'huile d'olive, du sel et du poivre. Ciselez le persil. Mélangez et servez.

Préchauffez le four à 180 °C (th. 6) et réchauffez les dés de potimarron pendant 10 min. Réchauffez le quinoa au micro-ondes et recouvrez-le avec les dés de potimarron et leur jus. Coupez le fromage de chèvre en dés et parsemez de noisettes grillées.

Jeudi

Wok de nouilles chinoises au canard et légumes

Temps de cuisson : 10 min
Temps de préparation : 5 min

Ingrédients : le paquet de nouilles chinoises, la julienne de carottes, les fleurettes de brocoli, les pousses de soja, le récipient contenant l'oignon, l'ail et le gingembre, le reste de magret de canard, le restant du pot miel-sauce soja, huile d'olive

Plongez les nouilles chinoises dans un récipient avec 2 l d'eau très chaude pendant 4 min. Faites chauffer 3 cuil. à soupe d'huile d'olive dans une sauteuse. Versez l'oignon émincé, l'ail, le gingembre, la julienne de carottes et les fleurettes de brocoli. Laissez cuire 4 min à feu vif. Émincez très finement le magret et enlevez le gras. Ajoutez-le dans la sauteuse avec les pousses de soja. Laissez cuire 2 min. Versez les nouilles chinoises égouttées et le contenu du pot miel-sauce soja. Servez !

Vendredi

Temps de cuisson : 15 min
Temps de préparation : 5 min

Spaghettis aux saint-jacques

Ingrédients : 250 g de spaghettis, le restant de saint-jacques surgelées, le restant de persil, le petit pot de crème fraîche, le verre de vin blanc, le petit bocal contenant l'échalote et l'ail, huile d'olive, sel et poivre

Faites cuire les spaghettis. Faites chauffer 1 cuil. à soupe d'huile d'olive dans une sauteuse, ajoutez l'échalote, l'ail et ½ cuil. à café de sel. Laissez cuire 3 min à feu doux puis ajoutez les saint-jacques et laissez cuire 1 min de chaque côté à feu vif. Réservez. Déglacez avec le verre de vin blanc puis ajoutez la crème et saupoudrez de persil ciselé. Versez les spaghettis et remettez les saint-jacques. Mélangez bien et servez !

Menu #4

Panier

Menu #4

Menu #4

Légumes / Fruits

- 10 carottes
- 2 navets
- 1 chou-rave
- 1,5 kg de pommes de terre roseval
- 1 betterave cuite sous vide
- 1 salade feuille de chêne
- 1 botte de persil
- 6 oignons jaunes
- 3 gousses d'ail

Placard de base

- 3 feuilles de laurier
- Maïzena®
- Moutarde
- Vinaigre de vin
- Huile d'olive
- Huile de tournesol
- Sel, poivre

Viande / Poisson

- 600 g de filets de merlans frais
- 800 g de palette de porc demi-sel
- 1 saucisse fumée
- 4 tranches de jambon
- 150 g de lardons fumés
- 4 pavés de bœuf

Crèmerie

- 6 œufs
- 2 x 40 cl de crème liquide
- 1 sachet de comté râpé
- ½ reblochon
- 150 g de roquefort

Épicerie

- 400 g de lentilles vertes
- 250 g de riz
- 8 grandes tranches de pain de mie
- 1 citron confit
- 1 verre de vin blanc
- 1 cuil. à soupe de câpres
- 4 cornichons

Boulangerie

- 4 brioches à tête

Lundi

Petit salé aux lentilles

Mardi

Tartiflette et crudités

Mercredi

Entrée
Brioches farcies

Plat
Boulettes de merlan aux légumes d'hiver

Jeudi

Entrée
Salade tiède de lentilles, sauce gribiche

Plat
Pavé de bœuf, sauce roquefort

Vendredi

Croque-monsieur

Préparation
Menu #4

Au préalable

1) Si vous avez suffisamment de place, sortez les ingrédients dont vous allez avoir besoin pendant cette session de cuisine : tous sauf la betterave, le jambon, les pavés de bœuf, 1 brique de crème liquide, le comté râpé, le riz, le pain de mie, les câpres et les cornichons. Cela permet d'avoir tout sous la main et de ne pas perdre de temps à chercher les ingrédients dans les placards et le réfrigérateur.
2) Sortez les ustensiles nécessaires :
   * 1 cocotte ou 1 petit faitout
   * 1 grand faitout ou 1 très grande casserole
   * 1 petite casserole
   * 1 grande casserole
   * 1 poêle
   * 1 sauteuse
   * 1 plat à four (pour la tartiflette)
   * 1 robot mixeur
   * 1 essoreuse à salade
   * Essuie-tout, papier sulfurisé
   * 7 récipients : 3 grands + 2 moyens + 2 petits

C'est parti pour 2 h 05 de cuisine !

1 Rincez abondamment la palette de porc sous l'eau froide pour la dessaler. Laissez-la tremper 5 min dans un grand saladier rempli d'eau froide.

2 Pelez les 6 oignons. Gardez-en 1 entier et émincez les 5 autres. Réservez dans un grand bol.

3 Placez la palette de porc dans un faitout et couvrez largement d'eau froide. Ajoutez l'oignon entier et 2 feuilles de laurier. Portez à ébullition, écumez puis baissez le feu et laissez cuire 1 h 30.

4 Pendant ce temps, mettez les lardons et 3 cuil. à soupe d'oignons émincés dans une poêle. Faites cuire 10 min à feu moyen.

5 Préchauffez le four à 180 °C (th. 6). Pelez et émincez les gousses d'ail. Réservez dans un petit bol.

6 Pelez les pommes de terre. Coupez-les en fines rondelles. Dans le plat à tartiflette, répartissez la moitié des rondelles de pommes de terre, ajoutez ½ cuil. à café d'ail et le mélange oignons-lardons. Recouvrez du restant de rondelles de pommes de terre, versez les ¾ d'un verre de vin blanc, 30 cl de crème liquide, salez un peu et poivrez généreusement. Coupez le reblochon en deux et disposez au centre du plat, côté croûte vers le haut. Enfournez pour 50 min.

7 Dans une cocotte ou un petit faitout, faites chauffer 2 cuil. à soupe d'huile d'olive. Ajoutez le restant d'oignons, la moitié de l'ail et 1 cuil. à café de sel. Laissez fondre 10 min à feu doux.

8 Pelez les carottes. Coupez-en 8 en rondelles et 2 en julienne (fins bâtonnets).

9 Versez le restant de vin dans la cocotte et laissez évaporer. Ajoutez les carottes et 2 verres d'eau.

10 Pelez les navets et le chou-rave. Coupez-les en cubes, sauf la moitié du chou-rave que vous couperez en julienne. Ajoutez les cubes de légumes dans la cocotte, sur un seul côté, et laissez cuire 20 min sans mélanger. Placez la julienne de chou-rave dans un récipient hermétique avec la julienne de carottes.

11 Ajoutez la saucisse fumée dans le faitout avec la palette de porc.

Préparation

Menu #4

12 Portez une grande casserole d'eau (non salée) à ébullition. Rincez les lentilles. Faites-les cuire 20 min avec 1 feuille de laurier.

13 Coupez la tête de chaque brioche puis enlevez la mie. Réservez les brioches vidées dans un sac hermétique au réfrigérateur.

14 Lavez le persil et essorez-le soigneusement dans une essoreuse à salade ou un torchon propre. De la même manière, lavez et essorez la salade. Placez chacun dans un grand récipient hermétique entre des feuilles de papier essuie-tout.

15 Préparez les boulettes de merlan : enlevez les arêtes des filets de merlan. Dans la cuve d'un robot, disposez la mie des brioches, les filets de merlan, la pulpe d'un demi-citron confit, ½ cuil. à café d'ail, 2 brins de persil, du sel et du poivre. Mixez jusqu'à ce qu'une boule se forme. Façonnez des boulettes entre vos paumes de mains.

16 Prélevez de la cocotte de légumes les cubes de navets et de chou-rave ainsi que quelques rondelles de carottes et disposez-les dans une grande casserole. Ajoutez une louche de jus de cuisson et la moitié du citron confit restant. Déposez les boulettes de merlan par-dessus, couvrez et laissez cuire 10 min.

17 Égouttez les lentilles. Versez-en la moitié dans la cocotte de carottes. Ajoutez-y la palette et la saucisse cuites coupées en morceaux avec une louche d'eau de cuisson. Laissez cuire 10 min. Réservez le restant de lentilles cuites dans un récipient de taille moyenne.

18 Préparez la sauce au roquefort : dans une petite casserole, faites fondre à feu doux le roquefort coupé en dés. Ajoutez le restant de crème liquide, le restant d'ail, portez à ébullition puis baissez le feu. Ajoutez 1 cuil. à soupe de Maïzena®, salez un peu et poivrez généreusement. Transvasez dans un récipient hermétique (pour congeler). Lavez la casserole.

19 Portez la petite casserole d'eau à ébullition. Faites durcir 2 œufs pendant 10 min.

20 Réalisez une grande vinaigrette en mélangeant 2 cuil. à soupe de moutarde, 3 cuil. à soupe de vinaigre, 1 cuil. à café de sel et un peu de poivre, puis émulsionnez en versant petit à petit 6 cuil. à soupe d'huile d'olive.

Tout est prêt ! Laissez refroidir.

Placez au réfrigérateur :

- Le petit salé aux lentilles, dans sa cocotte (se conserve 2 jours)
- La tartiflette (se conserve 3 jours)
- Les brioches dans un sac hermétique (se conservent 4 jours)
- Les lentilles cuites (se conservent 5 jours)
- Les 2 œufs durs (se conservent 5 jours)
- La salade lavée (se conserve 1 semaine)
- Les bâtonnets de crudités (se conservent 1 semaine)
- Le persil lavé (se conserve 1 semaine)
- La vinaigrette (se conserve 1 semaine)

Placez au congélateur :

- Les pavés de bœuf si vous les avez achetés chez le boucher ou si leur DLC est inférieure à 5 jours
- La sauce au roquefort
- Les boulettes de merlan accompagnées des légumes d'hiver

Résultat

Menu #4

Menu #4

Lundi

Petit salé aux lentilles

Temps de réchauffage :
15 min

Ingrédients : le petit salé aux lentilles, 4 brins de persil

Réchauffez le petit salé aux lentilles pendant 15 min.
Au moment de servir, ciselez le persil et parsemez sur le petit salé.

Mardi

Tartiflette et crudités

Temps de réchauffage :
10 min
Temps de préparation :
2 min

Ingrédients : la tartiflette, la moitié de la salade lavée, les bâtonnets de crudités, la moitié de la vinaigrette

Préchauffez le four à 180 °C (th. 6). Enfournez la tartiflette pour 10 min de réchauffage.
Dans un saladier, présentez la salade avec les bâtonnets de crudités et la moitié de la vinaigrette.
Pour le mercredi, sortez les boulettes de merlan du congélateur et mettez-les au réfrigérateur afin qu'elles décongèlent.

Mercredi

Entrée
Brioches farcies

Plat
Boulettes de merlan aux légumes d'hiver

Temps de réchauffage :
15 min
Temps de cuisson :
10 min
Temps de préparation :
10 min

Ingrédients : les brioches vidées, 4 œufs, 10 cl de crème liquide, 1/3 du sachet de comté râpé, 4 brins de persil, 4 feuilles de salade, vinaigrette, sel et poivre ; 250 g de riz, les boulettes de merlan décongelées, 10 cl de crème liquide

Préchauffez le four à 200 °C (th. 6). Cassez un œuf dans chaque brioche, versez 1 cuil. à café de crème liquide, recouvrez de comté, salez, poivrez et ciselez un peu de persil. Disposez dans un plat à four et enfournez pour 10 min. Servez avec un peu de salade et de vinaigrette (gardez-en pour le vendredi). Faites cuire le riz. Réchauffez les boulettes de merlan à la casserole 10 min. Ajoutez 10 cl de crème liquide et poursuivez le réchauffage pendant 5 min. Servez avec le riz.
Pour le jeudi, sortez la sauce roquefort du congélateur et les pavés de bœuf si vous les avez congelés, et mettez-les au réfrigérateur afin qu'ils décongèlent.

Jeudi

Entrée

Salade tiède de lentilles sauce gribiche

Plat

Pavé de bœuf sauce roquefort

Temps de réchauffage : 10 min
Temps de cuisson : 8 min
Temps de préparation : 10 min

Ingrédients : les lentilles cuites, les 2 œufs durs, 3 cuil. à soupe d'huile de tournesol, 2 cuil à café de moutarde, 1 cuil. à soupe de vinaigre de vin, 4 cornichons, 1 cuil. à soupe de câpres, la moitié du persil restant ; les 4 pavés de bœuf, la sauce au roquefort décongelée, sel et poivre

Plongez les nouilles chinoises dans un récipient contenant 2 l. Faites légèrement réchauffer les lentilles au micro-ondes. Hachez finement les cornichons et le persil. Écalez les œufs durs, coupez-les en deux et prélevez le jaune. Coupez le blanc en petits dés. Écrasez les jaunes dans un grand bol puis ajoutez la moutarde, du sel, du poivre et mélangez. Incorporez petit à petit l'huile. Ajoutez le vinaigre, les câpres, les dés de blanc d'œuf, les cornichons et le persil hachés. Dégustez les lentilles tièdes mélangées à la sauce gribiche.

Faites réchauffer la sauce au roquefort pendant 10 min à feu doux dans une petite casserole. Faites cuire à la poêle les pavés de bœuf environ 4 min de chaque côté, plus ou moins selon votre préférence de cuisson. Salez, poivrez et servez avec la sauce.

Vendredi

Croque-monsieur

Temps de cuisson : 10 min
Temps de préparation : 10 min

Ingrédients : 8 tranches de pain de mie, 4 tranches de jambon, 20 cl de crème liquide, le restant de comté râpé, le restant de salade, le restant de vinaigrette, le restant de persil, la betterave cuite, sel et poivre

Préchauffez le four à 200 °C (th. 6-7). Dans un bol, mélangez la crème liquide avec la moitié du restant de comté râpé, ½ cuil. à café de sel et un peu de poivre. Prenez 1 tranche de pain de mie, pliez 1 tranche de jambon par-dessus, saupoudrez de 1 poignée de comté râpé et recouvrez avec 1 tranche de pain. Versez 1 cuil. à soupe du mélange crème-comté et placez sur une plaque de four recouverte de papier sulfurisé. Répétez l'opération pour les 3 autres croque-monsieur. Enfournez pour 10 min.

Coupez la betterave en rondelles, servez-la sur la salade avec la vinaigrette et parsemez de persil ciselé.

Menus du printemps

Menu #1 du printemps

Lundi

Gigot d'agneau à l'ail, légumes printaniers rôtis et haricots blancs

Mardi

Entrée : Velouté aux asperges
Plat : Cabillaud en croûte d'herbes

Mercredi

Hachis Parmentier d'agneau

Jeudi

Entrée : Houmous de haricots blancs, bâtonnets de crudités
Plat : Pâtes aux asperges et cabillaud

Vendredi

Minestrone

Menu #2 du printemps

Lundi

Tourte au saumon et cresson

Mardi

Entrée : Tartines aux radis
Plat : Poulet à l'estragon

Mercredi

Dhal de lentilles

Jeudi

Entrée : Crème de fanes de radis
Plat : Salade César

Vendredi

Curry vert de lotte

Menu #3 du printemps

Lundi

Entrée : Fenouil mariné à l'huile d'olive et au citron
Plat : Cordons bleus maison*

Mardi

Onglet de bœuf mariné, purée de carottes nouvelles

Mercredi

Conchiglionis farcis ricotta épinards

Jeudi

Salade façon niçoise

Vendredi

Entrée : Toasts de chèvre chaud
Plat : Pad thaï aux crevettes

* Pour un menu sans porc, remplacez le jambon par du blanc de dinde.

Menu #4 du printemps

Lundi

Côte de veau en cocotte, légumes printaniers

Mardi

Entrée : Chou-fleur en vinaigrette aux câpres
Plat : Cheesecake salé

Mercredi

Entrée : Rillettes de maquereau fumé
Plat : Poulet puttanesca et riz

Jeudi

Boulgour épicé au chou-fleur, brocoli et pois chiches

Vendredi

Tagliatelles au maquereau fumé et légumes

Menu #1 d'été

Lundi

Entrée : Taboulé de quinoa
Plat : Cuisses de poulet et ratatouille

Mardi

Pizzas aux légumes et jambon de Parme*

Mercredi

Pâtes aux courgettes, olives et poulet

Jeudi

Entrée : Chaussons chèvre-ratatouille
Plat : Tomates farcies et riz

Vendredi

Grande salade de pâtes aux légumes d'été

* Pour un menu sans porc, remplacez le jambon par du blanc de dinde.

Menu #2 d'été

Lundi

Grande salade de pommes de terre, saumon, mesclun, oignons et concombre

Mardi

Entrée : Salade de lentilles à la grecque
Plat : Courgettes farcies

Mercredi

Moussaka

Jeudi

Blanquette de poisson à l'aneth + riz

Vendredi

Entrée : Soupe de petits pois-feta et menthe
Plat : Boulettes de lentilles à la sauce tomate + haricots verts

Menu #3 d'été

Lundi

Brochettes de poulet mariné,
blé aux légumes rôtis

Mardi

Couscous de merguez

Mercredi

Entrée : Caviar d'aubergines
Plat : Tortilla au four

Jeudi

Bruschettas d'été

Vendredi

Entrée : Poivrons marinés à l'ail et à l'huile d'olive
Plat : Spaghettis à la tunisienne

Menu #4 d'été

Lundi

Entrée : Gaspacho de courgettes
Plat : Quiche au thon et à la tomate

Mardi

Riz sauté aux crevettes et à l'ananas

Mercredi

Entrée : Tzatzíki
Plat : Cake courgettes-jambon*

Jeudi

Burgers de pois chiches

Vendredi

Salade de farfalles au saumon fumé

* Pour un menu sans porc, remplacez le jambon par du blanc de dinde.

Menus d'automne

Menu #1 d'automne

Lundi

Pâtes à la sauce joue de bœuf

Mardi

Entrée : **Houmous** (avec crudités à tremper et pain pita)
Plat : Soupe butternut-châtaignes et lardons (ou tofu fumé)

Mercredi

Entrée : **Salade de mâche, pomme verte et noix de cajou**
Plat : **Hachis Parmentier**

Jeudi

Riz sauté à la courge butternut et aux épinards, noix de cajou grillées

Vendredi

Phô vietnamien

Menu #2 d'automne

Lundi

Entrée : **Velouté de chou-fleur aux crevettes sautées**
Plat : **Pizza-polenta aux champignons**

Mardi

Curry de patates douces au poulet

Mercredi

Gratin de chou-fleur et de pommes de terre au jambon*

Jeudi

Entrée : **Salade de chou blanc, œufs durs et tomates cerise, sauce crémeuse**
Plat : **Linguines** à la crème d'ail, roquette, noix et copeaux de parmesan**

Vendredi

Parmentier de cabillaud à la patate douce

* Pour un menu sans porc, remplacez le jambon par des tranches de blanc de dinde.
** Pour un menu sans gluten, choisissez des pâtes sans gluten.
*** Si vous n'aimez vraiment pas les patates douces, remplacez-les par des carottes pour moitié (pour le curry) et pour moitié par des pommes de terre (pour le Parmentier de cabillaud) en suivant exactement les mêmes instructions de préparation.

Menu #3 d'automne

Lundi

Entrée : Barquettes d'endives aux rillettes de thon
Plat : Tarte Tatin de navets au miel et au fromage de chèvre

Mardi

Tajine d'agneau aux coings

Mercredi

Entrée : Velouté d'épinards au fromage frais
Plat : Gratin de pommes de terre, poireaux, oignons et lardons*

Vendredi

Lasagnes saumon-épinards

*Pour un menu sans porc, remplacez les lardons par du tofu fumé.

Menu #4 d'automne

Lundi

Entrée : Feuilletés aux tomates cerise, parmesan, graines de courge et thym
Plat : Chili végétarien

Mardi

Couscous de poulet au potiron

Mercredi

Gratin de macaronis au jambon* et au brocoli

Jeudi

Crumble salé de poulet aux légumes

Vendredi

Entrée : Velouté de potiron au curry
Plat : Colin sauce échalotes, pommes de terre vapeur

*Pour un menu sans porc, remplacez le jambon par du blanc de dinde.

Menus d'hiver

Menu #1 d'hiver

Lundi

Entrée : **Poireaux vinaigrette et œufs mimosa**
Plat : **Pâtes « langues d'oiseaux » au bouillon de pot-au-feu**

Mardi

Pot-au-feu

Mercredi

Entrée : **Bricks au bœuf et légumes**
Plat : **Brandade de haddock**

Jeudi

Velouté de légumes, toasts d'os à moelle

Vendredi

Soupe de haddock au lait de coco

Menu #2 d'hiver

Lundi

Quiche lorraine*

Mardi

Entrée : **Velouté poireaux-pommes de terre**
Plat : **Ailes de poulet caramélisées**

Mercredi

Entrée : **Salade de chou rouge, raisins et pomme**
Plat : **Mijoté de veau au chorizo***

Jeudi

Lentilles, champignons et carottes à la crème

Vendredi

Blanquette de veau épicée

* Pour un menu sans porc, remplacez les lardons de la quiche par des dés de dinde et le chorizo par 1 pincée de piment.